AF451098

12 Héroes

DESCUBRIENDO ANDRÓMEDA

12 Héroes

De Monstruos a Hombres

ÀNGELS BARDINA

Título: 12 Héroes

© 2020, Àngels Bardina

Autoedición y Diseño: 2020, Àngels Bardina

Primera edición: mayo de 2020

ISBN-13: 978-84-18213-47-2

*Debes asumir la responsabilidad personal.
No puedes cambiar las circunstancias pero
puedes cambiarte a tí mismo. Es algo de lo
que tienes que encargarte.*

Jim Roht

Dedicatorias

Dedicado a....

- A mis queridas Heroínas, que me relataron sus historias y las de sus monstruos particulares para que pudiera mostrarlas al mundo y ponerlas en valor en estos libros.

- A mi querida amiga Vale, que ha llevado brillantemente las riendas de mi tienda-taller sin hacer preguntas cada vez que yo he fallado para dedicarme a escribir.

- A mi hija Clara, que puso con amor todo su arte en las portadas de mis libros.

- A mis amigos Meri y Artur, que siguieron respaldándome y animándome en mis días de bloqueo para que no desfalleciera.

- A todos los monstruos de mi vida que me dijeron que guardara los libros en un cajón porque me dieron más motivos para seguir adelante.

- A los dos hombres que pasaron conmigo parte de sus vidas, que nunca creyeron en mí y me provocaron tanto dolor que me convertí en **FÉNIX.**

- A la compañera de mi vida, mi perrita Piula, que me mira pacientemente desde su rincón esperando a que acabe de escribir para salir de paseo.

Y sobre todo a mi querido mentor, **LAIN**, que me mostró los caminos a seguir, me enseñó una nueva forma de pensar, me descubrió un abanico de posibilidades a las que acceder.

Y por ser conmigo tan estricto, intenso, justo, enérgico, implacable, íntegro…

¡¡IMPARABLE!!

Gracias al cual mi vida se transformó por completo.

GRACIAS, GRACIAS, GRACIAS.

Testimonios

"Si por algo me ha fascinado la trilogía DESCUBRIENDO ANDRÓMEDA, es por la belleza de sus historias reales, de las de verdad. Con una lectura animada, emotiva y cautivadora, la autora, Àngels Bardina, te muestra a través de sus personajes una novela que desgrana emociones, sentimientos y vivencias, llenas todas ellas de un aprendizaje constante, llevándote a lo importante que puede llegar a ser el tomar una decisión u otra y las consecuencias de nuestros actos. Lecciones de corazón y evolución. ¡No te la puedes perder!"

Ana Baz - *Autora de la trilogía* **"Pequeña Gigante".**

"12 heroínas, 12 héroes, 12 vidas heroicas.

En total 36 maravillosas historias narradas de una forma divertida, sincera y que te llegarán al corazón, con el fin de que humanices tus errores y aprendas de lo maravillosa que puede ser la experiencia vital pese a las espinas del camino".

Gracias Àngels,

Aido Cortés Alcaraz *autor de* **Núcleo.**

"A veces en nuestra vida nos encontramos encadenados y desnudos, como Andrómeda, ante las diferentes situaciones que la vida nos pone por delante. Este libro es una guía, que al igual que Perseo con la cabeza de Medusa, nos ayuda a librar esas batallas contra nuestro monstruo interior.

Es más que una serie de historias asociadas a sentimientos como el perdón, la dignidad, la esperanza, la fe… Son las historias de doce mujeres y hombres que han librado sus propias batallas con cada uno de sus monstruos. Con cada una de las historias su autora nos adentra en la piel de esas personas, en cierto modo nos hace cómplices de su lucha interior. Un libro que no debes dejar de leer".

Rafa Prades *autor de* **Sabrosos bocados**

"12 Héroes es un libro que te atrapará desde un principio, donde la autora, Àngels Bardina, nos habla sobre las relaciones humanas, los problemas cotidianos que tiene la gente, las difíciles relaciones de pareja, el mundo oscuro que viven muchos de ellos; personas que son lobos en piel de corderos.

Sobre la complejidad y dificultad de conocer el verdadero "yo" de tu pareja. Llevándote a una vida infeliz y desgraciada.

Nos hace reflexionar sobre personas que quizás conocemos y pensamos que son bellísimas por dentro y en realidad no tenemos ni idea de quienes son.

Libro muy recomendable para entender las dificultades emocionales que viven muchas personas y la gente de su entorno que, quizás, no es consciente de ello….

Mercè Monge Boneta - *Autora de la Trilogía*
"Come, vive, sueña y sé feliz"

"En esta novela la autora te llevará a vivir historias, cómo en la vida misma, dónde el desorden interior de las personas las conducen a vivir fracasos. Descubriendo la causa que genera esos conflictos, renace una nueva personalidad y con ello una nuevo futuro. Gracias Àngie, tus páginas me atraparon hasta llegar al final"

Noemí Susana Velasco Meana - *Autora de*
"En BUSCA de un nuevo camino*"*

"Generación tras generación arrastramos la terrible enfermedad de la culpa. Vamos por la vida mendigando amor de personas igual o más enfermas que nosotros. Gracias Àngie, por expresar en tu escritura todas las emociones que sentimos cuando vivimos con una pareja tóxica. Comprender, sanar las heridas y perdonar(nos) es el camino a la libertad. Atraemos lo que somos, así que aprendamos a limpiarnos. Éxito".

Livia Escobar *- autora de la trilogía*
"Lola Baltazar decide viajar*"*

Índice

Introduccion

Éste no es un libro cualquiera.

Si has llegado hasta aquí ya has leído las historias de unas heroínas que consiguieron matar a su monstruo.

Ahora vamos a tratar con los monstruos

Y denomino "*Monstruos*" todos los sentimientos, defectos, actitudes, caracteres, bloqueos, adicciones, trastornos....

En fin, todo lo negativo que nos encontramos a diario.

Nos llegan por muchos caminos como las depresiones, carencias, malos sentimientos, fanatismos, actitudes mentales, vicios, orgullos, drogas desamores, miedos....

En fin, todo lo negativo que un ser humano puede ser.

Pero, en todo, casi siempre hay un denominador común:

EL CAMBIO

Todos tenemos libre albedrio. Si eres como la mayoría de los mortales tú puedes escoger todo en tu vida, sólo necesitas querer cambiar para transformarte.

Te aconsejo que dejes de alimentar a tus monstruos mientras son niños porque pueden llegar a ser devastadores, pero si ya han crecido también hay oportunidades de acabar con ellos si haces lo que debes hacer: actuar.

Quizá no consigas eliminar por completo. a tus monstruos pero sí que puedes gestionar las sensaciones que te generan, pararles los pies, convivir con ellos enseñándoles quien manda para que no dirijan tu vida.

Puedes buscar la luz en tu interior, puedes dejarles ciegos con ella, puedes resurgir a una nueva vida más feliz, puedes….

Adormecer a tu monstruo. Para siempre.

No, no es un libro cualquiera. Debes encontrar caminos que te lleven donde quieres ir con las soluciones que nuestros héroes encontraron para adormecer a sus monstruos. No son los únicos caminos que existen, hay más, tantos como mentes imaginativas, y como ángeles de la guarda te guíen.

Ven a buscar tu luz, encuentra tu Andrómeda.

Deslumbra y adormece a tus monstruos. Para siempre.

Aquellos que no conocen la historia están condenados a repetirla.

Edmund Burke

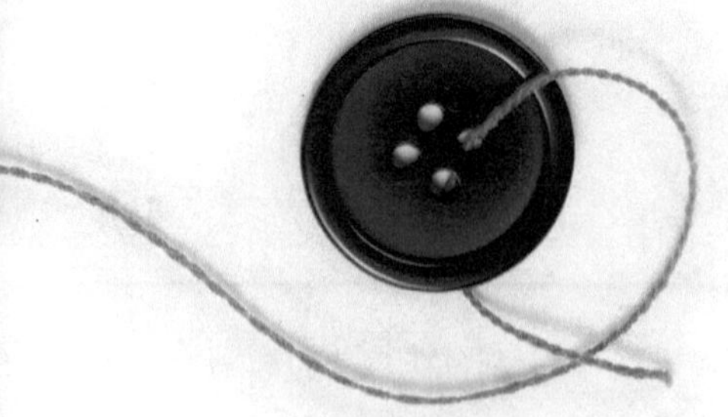

Pedante – La Vanidad

De lejos y con una rosa blanca en la mano miraba la comitiva que acompañaba aquella pequeña caja de pino blanco que contenía el cuerpecito de su hija Maria, un bebé de tan solo cuatro meses que murió repentinamente mientras dormía.

Encabezando el séquito esa mujer de negro, de piernas larguísimas preciosas, que tanto había adorado tiempo atrás cuando era un capullo. No, no se lo perdonaría nunca, se sentía como en la más agresiva resaca que sufriera antaño cuando se ponía hasta el mismo culo de vodka.

La madre, Consuelo, no lloraba. Cuando la pena te invade tan hondo no se puede llorar, es el preludio de una muerte en vida. Firme como un soldado se puso ante todos para decir las últimas palabras a su hija:

- María, preciosa, mamá te quiere…. Vendré a verte todos los días y te traeré juguetes. Los pajaritos te contaran cuentos… tía Ana y los abus….

Imposible seguir. Ana se puso a su lado y le trajo una silla para que pudiera apoyar su cuerpo, el corazón latía, pero no sentía.

Acabada la ceremonia Pedante se armó de valor y empezó a acercarse. Los amigos ya se estaban marchando y solo quedaba allí la familia. Cuando Consuelo levantó la cabeza le vio.

Las fuerzas que la habían abandonado volvieron al instante. Se puso de pie, con la cabeza erguida, desafiante…

\- Vete, tu aquí no eres nadie, mi hija no quiere tu rosa, ¡Largo!

\- Consuelo por favor, escúchame….

\- Te mataré si no te vas.

\- ¡Me moriré si me echas!, Consuelo, Conso, por favor, he sido un borracho, un cabrón, no era yo, ¡fue el alcohol!

Su padre y su hermana Ana se acercaron a Consuelo para defenderla pero ella les paró impasible.

\- Márchate Ana, y tú también papá, con este mierda ya puedo sola.

\- Y tú, Pedante, si te acercas a la tumba de mi hija te expones a ocupar la tuya.

Y sin más se dio la vuelta y lo dejó allí.

Solamente un año antes todo era diferente. Jorge, que aún no era Pedante tenía una empresa inmobiliaria que le regalaba ingresos abundantes. Y Conso era su secretaria de día y su amante de noche. Costó mucho convencer a esa mujer para que durmiera cada día en su cama pero había sido galante, cariñoso y adulador. Y ella se fue dejando ir hasta que se dio cuenta que estaba enamorada.

No pasó mucho tiempo del primer encuentro cuando se quedó embarazada. Entre alegre y sorprendida se lo contó a su amor que la despidió de manera fulminante, el muy cabrito. O mejor dicho: el cabronazo. Creyó que todo se arreglaba con dinero.

Sin Consuelo al frente de la oficina y con el mueble bar cada día más lleno y más vacio aquella empresa fulgurante empezó a perder brillo hasta quedar en la más absoluta oscuridad con aroma a alcohol del más rancio.

La empresa la había levantado el padre de Jorge a base de manipular a las pobres parejitas de novios que querían casarse.

Con malas artes, mucha autoridad y una sonrisa de oreja a oreja los novietes no tenían oportunidad de negarse, les ponía bajo la nariz un contrato de arras y se embolsaba el cheque, todo en diez minutos. Plis plas.

Ese padre igual que en la agencia era en casa. Allí mandaba a base de gritos, chillidos, alaridos, bramidos, aullidos, y todos los idos que quieras encontrar. Jorge siempre había temido a su progenitor. Si no obedecía se llevaba una zurra o un bofetón. A sus veintiocho años.

Su madre solía estar ausente aunque estuviera presente. Hacía ya muchos años que desistió de calmar a la fiera y aprendió a vivir más o menos en paz dejándole chillar. Se dedicaba a su afición favorita, podía pasar el día entero consultando sus cartas del Tarot.

- Jorge, hijo, ¡ha salido El Emperador!

- Mamá, por Dios, deja esas patrañas.

- Pero hijo el Emperador es un buen augurio, dice que tienes poder y saber hacer, si no te desvías del camino mañana será un día muy triunfante para ti. ¿tienes una buena venta entre manos?

- Déjale en paz, tú y tus cartas, dijo el padre. Lo que tiene que hacer es tener mano dura, así se hacen las ventas, si les dejas pensar pues… se lo piensan. Y ya no vuelven.

- ¡Callaros los dos!

- Eres un blandengue, nunca llegarás a nada digan lo que digan las cartas de tu madre. ¡Ponme una copa mujer!

Y ese era el pan de cada día en la casa.

Borracho perdido, el padre de Jorge salió de casa una mañana para tomar unas copas y no volvió, una furgoneta se lo llevó por delante acabando con sus huesos en el hospital. Al salir le habían curado las heridas pero sus piernas nunca volvieron a caminar y así, en silla de ruedas, iba persiguiendo a la madre y a Jorge por la casa pidiendo vodka y pegando gritos.

Al sonar el teléfono de la agencia una voz femenina afrancesada le pidió que se pasara a tasar su piso, había decidido volver a su país. El piso en cuestión era un ático de dos habitaciones con gran terraza llena de flores, un bombón de piso, se lo quitarían de las manos.

- ¿Cuánto pide?

- Ud. es el experto ¿Cuánto pueden darme?

- Unos XXX euros, es su valor, pero con tiempo y paciencia podría ser más.

- Si, ya iba yo por ahí, pero no tengo tiempo, quiero marcharme ya. ¿Ud. no lo compraría?

- Yo no compro, solo vendo…

- Pero le gusta ¿verdad?

La francesa madura hizo la jugada perfecta y le vendió el piso como hubiera hecho el padre de Jorge anteriormente. Le bajó el precio y utilizó la suavidad en lugar de la autoridad, pero le dio el mismo resultado: piso vendido. Plis plas.

Cansado de las guerras de sus padres Jorge se mudó a su nuevo ático en una semana.

Al no sentir agobios su vida se volvió plácida y agradable y repercutió en la empresa. Empezó a vender con la "*suavidad*" con la que le había convencido a él su clienta francesa y prosperó hasta el punto de pasar una buena cantidad de dinero a sus padres para que estuvieran lo más lejos posible y calladitos.

Y con la prosperidad llegó a necesitar una secretaria. Después de varias entrevistas se quedó con Consuelo, la dueña de unas piernas larguísimas preciosas que venderían solas, seguro.

Todo iba viento en popa. Jorge empezó a vender lo bonito, lo mediocre y lo horrible "*con suavidad*", esa suavidad que se mete en tu vida sin darte cuenta y te convence de todo.

Aunque todo sea mentira.

Se había convertido en un autentico Don Juan de las ventas, nada se le escapaba. A los incautos, con sonrisas. A los escépticos, con una copa para que se soltaran. A los duros de pelar, pobrecitos, les ponía delante a su secretaria, esas piernas larguísimas maravillosas. Cuando Consuelo salía del despacho el hombre duro ya había firmado el contrato.

Con tanta abundancia y soltura Jorge empezó a fijarse en Consuelo como algo más que una secretaria, se la quería beneficiar. A él nunca se le escapaba nada y "*se vendería*" a esa mujer con la misma suavidad que vendía inmuebles, nada podía fallar, ese era su plan.

Y así fue. Costó bastante pero un día de tormenta se prestó a acompañar a Conso a su casa pero nunca llegó allí, se quedó a dormir en el ático de dos habitaciones con la terraza llena de flores de su hasta entonces jefe para empezar a ser su secretaria de día y su amante de noche.

Al salir del despacho empezaban su vida nocturna saliendo a cenar a los sitios más elegantes de la ciudad. Buenas cenas regadas con buenos caldos que añadían valor a los platos perfectamente cocinados.

El postre no era el típico café, copa y puro, sino una delicia dulce con vino dulce y cigarrillo dulce. Todo dulce para llegar a casa lo más dulces posible y relajarse en unos abrazos llenos de dulce amor.

Pero con los meses aquellos dulces postres se empezaron a acompañar de copas más fuertes: coñac, whisky, vodka... a Consuelo no le gustaba el alcohol duro pero no ponía inconveniente a que Jorge se tomara sus copas, así el amor era menos dulce y más apasionado.

Pero.... De una copa se pasó a dos, a tres, a más....

Aquello no pintaba demasiado bien y había noches que Consuelo tenía que llevar casi en brazos a su amante hasta el ático y allí tumbarlo en el sofá a dormir la mona.

Consuelo intuía que algo no iba bien pero aún no era del todo consciente de lo que ocurría. Se sentía algo turbada pero con las mañanas volvían las suavidades y se dejaba llevar.

Una mañana despertó rara, le dolía la tripa y sentía mareos, le dijo a Jorge que se pasaría por el médico antes de llegar a la oficina. El doctor la examinó y le dio la enhorabuena.

- Felicidades, estás embarazada.

- ¿Cómo dices? ¡No puede ser!, tuve la regla hace solo tres semanas.

- Te lo aseguro, debía ser alguna pérdida inicial, pero lo estás sin duda, de dos meses. No te asustes….

- ¡Yo no me asusto! Bueno…. Sí me asusto pero es demasiado importante para alterarme, tengo que procesarlo, no lo esperaba.

- Llámame, tienes que venir todos los meses.

En esos momentos de camino a la oficina su corazón sentía algo parecido a fuegos artificiales y una ducha de agua fría, ¿Quién ganaría? ¿Cómo iba a decírselo a Jorge?

- Bien – se dijo a sí misma – a veces es interesante sorprender a alguien.

Y ganaron los fuegos artificiales. Llegó alegre como las castañuelas de Carmen Amaya y fue directa a contarle a su amor que serían papás felices.

- Cariño, después hablamos, ahora tengo una reunión.

Los fuegos artificiales que ella sentía eran nada al lado de la guerra de cañones que Jorge estaba escuchando en su cabeza, eso era una putada, ni hablar de niños.

Cogió su móvil y llamó al abogado. Necesitaba saber que no tendría problemas y le pidió consejo.

- Manuel, qué hago..., no quiero niños ni mujer ni nadie que no sea una amante, de piernas preciosas si puede ser, pero nada más...

- ¿Cuánto tiempo hace que trabaja contigo?

- No llega al año.

- Pues despídela. No te lo pienses ni un segundo, si le dejas pensar no estarás a tiempo y el elemento sorpresa es importante.

- Pero puedo decírselo en la cena, que aborte, que ya tendremos hijos más adelante, y luego corto con ella y la despido.

- ¡NO! No se dejará. O la despides ahora que no se lo espera o te verás en un juzgado pidiéndote pensión y serás un puto desgraciado para todos.

- Lo seré igual...

- Sí, pero menos que cuando se note esa barriga, porque la gente se compadece de las barrigas. Ahora sólo será un despido.

- Eres muy bruto...

- Soy abogado, me pagas para evitarte problemas y esto es un futuro problema. Dale un montón de dinero y que se vaya hoy mismo.

- Y ella.... ¿Qué hará? ¿Cómo se sentirá?

- Me importa un rábano, mi cliente eres tú.

Jorge no se movió del despacho en todo el día ni para ir a comer. Sobre las siete de la tarde salió a toda prisa dejando un sobre encima la mesa de Consuelo, ella se quedó con la pregunta a medias, la puerta se había cerrado ya.

Si, has adivinado, estaba despedida.

En el sobre, un finiquito que tenía que firmar y un cheque cuantioso que callaría la boca a casi todos si no fuera porque ella le quería de verdad y se paralizó. También otro cheque para que solucionara ese incipiente problemón y una amenaza de terribles desgracias si se ponía tonta ya que había suscrito un contrato de confidencialidad. Ningún *"gracias"* o *"hasta pronto"*, solamente un *"deja las llaves en la mesa cuando salgas"*.

Esa noche Jorge bebió más que nunca. No, no quería hijos pero en el fondo de su corazón le había tomado a esa mujer más cariño del que nunca aceptaría. Se emborrachó hasta perder el sentido y un camarero le metió en un taxi y le mandó a su casa.

Nada fue igual a partir de aquel día. Cuando llegó al despacho al día siguiente se encontró solo, literalmente hablando. Se tenía que levantar para abrir la puerta, tenía que atender al teléfono, pasar los contratos al ordenador, ir al banco, mirar la agenda y hasta hacerse el café. Y como hacerse el café le fastidiaba enormemente lo cambió por una copa de vodka.

Su suavidad se despidió de él hasta nunca y empezó a surgir ese monstruo Pedante que estaba adormecido en su interior, aquel que su padre le enseñó que debía ser.

- Si, papá, tenías razón. La gente es muy cabrona, Consuelo ni siquiera ha llamado llorando,

ahora me doy cuenta de lo poco que me quería, me estaba liando para quedarse con mi dinero.

Y dos copas más.

- ¡Ni las gracias me ha dado por lo bien que la cuidé estos meses!.

Y más copas, y más, y más….

A las once y media llegó un cliente que iba a firmar un contrato importante. Se encontró con un Pedante borracho.

Aquel hombre suave había sufrido una metamorfosis y se había convertido en un monstruo.

Al cliente aquello no le hizo ninguna gracia y se lo pensó mejor dejando el contrato en nada. La consecuencia fue un par de copas más.

Pasaron días, semanas y meses y todo se derrumbaba en su vida, nada era ya abundancia, ni suavidad, ni Consuelo. El sol le molestaba a sus ojos porque para él únicamente existía oscuridad, de día y de noche.

Lo perdió todo. Vendió todo en pocos meses excepto el ático de dos habitaciones con la terraza ya sin flores, nadie las cuidaba. Cada noche el mismo ritual: beber y beber para creer que todo volvería a su anterior estado natural de alegría y felicidad aunque sin esa loca de Consuelo, no la necesitaba para ser feliz.

Pero un ángel llegó a su vida

Al pasar por delante del restaurante donde solían ir, una camarera le reconoció y le dijo:

- Felicidades Sr. Jorge sé que ya ha nacido su hija Maria, dele recuerdos a Consuelo.

María…, se llamaba María…

María, así se llamaba su hija. Consuelo no había abortado. Claro, Conso no era como él, ella era fuerte y no lavaba los problemas con vodka, ella tenía unas piernas larguísimas maravillosas, y un corazón grande y suave, como encontraba a faltar la suavidad….

Y Pedante se empezó a cuidar de nuevo para reconquistar lo que nunca hubiera tenido que perder. A la mierda el abogado, no podía vivir sin ella, ahora lo sabía.

Quería seguir beblendo cada segundo del día pero se deslizaba en silencio por el mismo camino que su Conso y su Maria. Las veía en el parque con su cochecito, tomando el sol, la miraba caminar al compas de las piernas que antes habían sido suyas, les hacía fotos para mirarlas cuando quedaba a solas con sus tentaciones y sus dolores, era la única manera de aguantar.

Nuestro espía aficionado no vio aquel día pasar a sus dos mujeres. Tampoco al siguiente. Alertado se acercó al portal de Consuelo y vio llegar cantidad de gente vestida de negro. ¿Qué estaba pasando? Se aproximó al kiosco a preguntar para recibir aquel doloroso puñetazo moral, una bebita había muerto suavemente en su cuna. Muerte súbita.

En la terraza de su ático con la botella de vodka en la mano lloró lo que nunca había llorado, sin dudar era un castigo divino por abandonar a su suerte a su suave mujer.

Pero no bebió.

Pedante se dio cuenta que si bebía no podría recuperar a su amor y, utilizó la botella de vodka para hablar con ella:

- Mi amor, mis amores, os necesito. Y estaré a vuestro lado. Sobrio.

Se acercó al cementerio y esperó a que la gente se fuera para hablar con su amada, pero ella no era la misma. Le miró con frialdad, esa violencia callada que te destruye el alma en silencio. Ni rastro del suave amor que había conocido.

Acabó marchándose bajo amenaza de muerte.

Pero Pedante no iba a abandonar. Estuvo insistiendo día a día hasta que logró que le escuchara.

- Ya me estás hartando, que quieres ahora?.

- Solo una cosa:

PERDÓNAME.

- Perdóname y te dejaré en paz.

- Perdonado, vete.

- Mírame Consuelo, voy limpio, peinado, bien vestido, y tengo un nuevo trabajo, he recuperado la dignidad y quiero recuperarte a ti, nunca fui tan feliz.

Y después de propinarle unos cuantos bofetones morales Conso se sentó a escucharle.

Ya habían pasado seis años de todo aquello cuando se mudaron a su nueva casa de Girona con sus dos hijos: Nora y José Carlos. Todo parecía fluir con suavidad hasta que….

Ese día de San Juan los vecinos les invitaron a la Vervena, una fiesta tradicional que se celebra alrededor de una hoguera con cava catalán y cocas, una especie de tartas de frutas y chicharrones.

Pedante se lo pasaba muy bien y era el alma de la fiesta. Pero empezó a beber cerveza y todo lo que había ganado en seis años se esfumó en seis segundos.

Lo que llevaba interiormente salió de nuevo porque lo que aparentaba ser no era real, estaba en ¿cómo se dice? Stand By.

Y la frialdad de su mujer volvió a ganar a la suavidad. No aguantaba su olor, no soportaba sus manos, no quería mirarle, no le daría más oportunidades.

Loco de rabia contra sí mismo por dejar escapar de nuevo su vida bañándola en alcohol, NuevoPedante se seguía llenando el cuerpo de vodka amenazando con que algo terrible iba a pasar.

Y así fue. Consuelo le echó de casa para siempre.

En un momento de locura por los rechazos de su mujer, llegó a casa una noche armado con un hacha y empezó a golpear la puerta que cedía a cada embestida. Ya no era NuevoPedante, se había convertido en NuevoPedanteLoboFeróz.

Los niños estaban encerrados en el baño y lloraban a cada golpe. Cuando la puerta cedió se paró en seco, allí estaba su amor flanqueada por dos enormes mastines sentados uno a cada lado con los hocicos retraídos enseñando los enormes y afilados dientes.

- Ahora tienen el culo pegado al suelo, si les dejo ir te atacarán a por todas, no me tientes.

NuevoPedanteLoboFeróz no podía creer lo que veía, su querida y suave Consuelo, allí de pie desafiante, era más temible que los dos perros en semiataque.

En ese momento llegaron dos policías alertados por los vecinos y se lo llevaron preso.

Pasó la noche en el calabozo y por la mañana le llevaron ante el comisario para levantar atestado.

Ya sabes cómo son los pedantes: siempre tutean, nunca se rinden ante quien sabe más que él ni ante ninguna autoridad, disfrutan como chicharras al sol de agosto burlándose de todo Dios, son como virus atacando la salud de los débiles.

Le soltaron con cargos. Ese besugo sabelotodo no tenía dinero para nada, ni para comprar vodka.

Deprimido, asqueado y sucio le encontró su madre sentado en el rellano sin ánimo para llamar a la puerta:

- ¿Eres tu Jorge? Pero hijo ¡pareces un zombi!

- Lo soy mamá.

- Venga, entra en casa, te ayudo.

- No. No quiero ver a mi padre.

- Tu padre ya no es el mismo. Deprimido por la silla de ruedas se dio cuenta que dependía de mi y no yo de él, con el tiempo dejó de chillar.

- No me apetece verle.

- Entra. Mis cartas me decían que volverías, no has tenido buen ejemplo en casa, pero ahora será distinto.

Su padre estaba en el recibidor cuando entraron su madre y AntiguoPedanteAhoraHumillado.

- Hola papá.

- ¡Hijo! Tu madre dijo que estabas a punto de volver, lo miró en sus cartas, he aprendido a escucharle y aquí estás.

- Vaya, ¿te has vuelto idiota?

- No, he aprendido que no miraba las cosas con buen juicio. No serán seguramente las cartas lo que han avisado a mamá de tu vuelta, pero la intuición de una madre hay que respetarla. Entra.

- Solo estaré unos días.

- Sí, claro. Pero estos días aprenderás de nuevo de tu padre y será todo muy distinto. Y recuerda lo que dijo Napoleón Bonaparte:

"Un necio es solo fastidioso, pero un Pedante es insoportable"

¿Rencor? Prefiero vivir

Isabel Allende

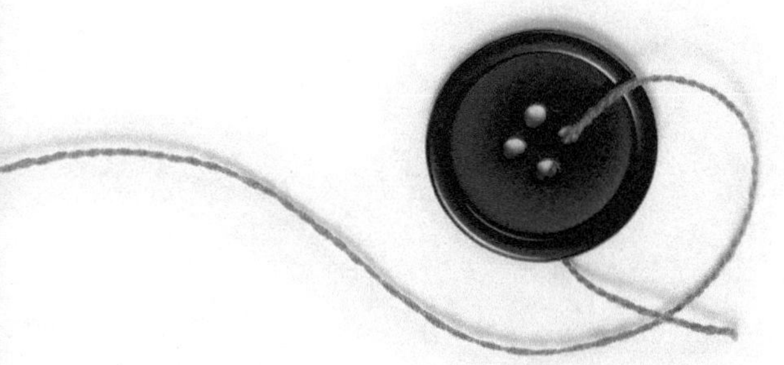

Alexandra – El Rencor

Completamente cabreada Alexandra se estaba poniendo aquel vestido rosa de organdí. Odiaba los domingos en familia y más esa hora mágica del día en que debían arreglarse como si fueran a una boda. ¡Total para asistir a Misa!

- Vamos Alexandra, siempre eres la última ¡baja YA!

La voz autoritaria era de su padre.

Con las manos en las mejillas Alexandra intentaba detener esas lágrimas que se abrían paso, húmedas y rebeldes, hasta aterrizar en su falda. Tenía nueve años.

El Rolls Royce resplandecía delante de la verja. Su padre abría la puerta muy enojado y su madre intentaba calmarle. Cuando por fin apareció la niña le escupió estas las palabras:

- Es la última vez que me haces llegar tarde al oficio.

- ¡Por mí puedes ir tu solo! Dijo Alexandra.

El manotazo que le dio le dejó la mejilla del color de las granadas maduras. Nunca lloró ante estos ataques, ella aguantaba todo y esa era la cuestión por la que recibía cada día más por menos motivo.

Este martirio se repetía todos los domingos y fiestas de guardar, contra viento y marea, en la salud y la enfermedad, con frio y calor, siempre, siempre, siempre...

Alejandra iba a un colegio de monjas privado y solía portarse mal. Rebelde por naturaleza disfrutaba riéndose de esas mujeres vestidas de negro con la cabeza cubierta. Y en más de una ocasión les había arrebatado la toca de un manotazo para dejar al descubierto sus cabezas.

Pasaba castigada el 80% del horario escolar y encerrada en el cuarto de la directora el otro 20%. Las llamadas a sus padres eran casi diarias hasta que llegó el día en que la expulsaron del colegio.

Al llegar a casa su padre le atizó una paliza hasta doblegarla y la encerró tres días en su habitación sin comida ni agua hasta que perdió el sentido.

El ama de llaves la encontró en el suelo en un charco de orina a punto de largarse al lado contrario de su existencia, allí al menos podría hacer todo lo opuesto a lo que le pedían. Entre la sirvienta y su madre lograron recuperarla a base de caldos de pollo y fruta.

El padre de Alexandra era un hombre muy autoritario. Ignorante en toda su cultura creía que su Dios lo era todo y se comportaba como un ciego. En el ranking de los fanáticos religiosos ocupaba el primer puesto. Amparándose en su verdad no aceptaba discusiones y creía que los males se erradicaban a base de castigos.

Incapaz de admitir la diversidad humana pensaba que amar a su hija era precisamente convertirla en lo que él era, un fanático. Y al final lo consiguió pero en sentido contrario.

Cuando estuvo restablecida su padre la mandó a un internado en Suiza donde le aseguraron que se la devolverían libre de pecado. Allí empezó a estudiar para descanso de su padre y alegría de su madre, acabando el bachillerato con buenas notas a los dieciocho años.

La razón de sus buenas notas era la profesora de literatura, una moza alemana resplandeciente con la que mantenía una tórrida relación educativa pero en asignaturas no obligatorias, principalmente sensuales y eróticas.

Al finalizar el último curso se fugó con ella a Ibiza donde vivieron un mes loco de amor y pasión que acabó cuando llegaron los turistas. Alexandra no podía competir con las rubias nórdicas y su profesora la abandonó sin más, había sido una distracción invernal.

Sin novia y sin dinero se buscaba la vida por los bares del puerto hasta que un grupo de indeseables la forzaron y la golpearon dejándola tirada en la playa.

Y por allí pasó un ángel.

El policía que la rescató atendió todos los "*porfavores*" de esa poco agraciada mujer y se la llevó a casa en lugar de la comisaria. Allí escuchó su relato y le prometió que llamaría a su madre, no a su padre.

Así lo hizo. Sin embargo al día siguiente apareció el chofer y un jardinero de la mansión y se la llevaron en volandas.

Al volver a casa tomó la decisión de aislarse del mundo. Su padre ya no era su padre sino su juez y su verdugo, alguien con no se podía dialogar. Estaba convencido que Dios le había revelado la Verdad Absoluta y esa verdad era que su hija era un demonio, una asquerosa bollera de mierda.

Su madre la dejaba salir de la habitación cuando él no estaba pero empezó un deterioro evidente a todos los niveles.

No quería estudiar, ni trabajar, ni pasear, ni dormir, ni comer… Adelgazó mucho, parecía anoréxica. Le empezó a caer el pelo, respiraba con dificultad, se moría.

Mamá convenció a papá que la ingresaran en el Bethlem Royal Hospital, en Londres. Aunque hoy en día es líder mundial en investigación psiquiátrica y desordenes alimentarios, su padre recordó que había sido famoso por el tratamiento inhumano que recibían los pacientes allí ingresados. Aceptó sin dudarlo, el dinero no sería problema, era el castigo que Dios había previsto para esa hija infernal.

Aunque la recuperación no fue del todo efectiva le dieron de alta a los dos años y medio de su llegada allí. Su médico le señaló que ya podía hacerse cargo de su propia vida y le encontró un empleo de jardinería en un colegio.

A lo largo de los siguientes seis años Alejandra consiguió tirar, más o menos. Tocar tierra y arreglar flores le gustaba y le proporcionaba un sueldo con el que podía mantenerse.

De vez en cuando su madre le mandaba dinero pidiendo por favor que no volviera, su marido estaba desquiciado y agresivo, sería peligroso para ella.

Ese invierno era muy crudo y no había gran trabajo que hacer en el jardín con lo que el director le pidió que sustituyera al portero, un anciano venerable que llevaba allí toda la vida y que se retiraba para morir en paz con sus seres queridos.

Alexandra no era la alegría de la huerta, nunca mejor dicho, pero ejercía sus quehaceres con abnegación. Cuando una niña le cinco años le presentó a su madre creyó que era el momento de volver a la vida. Mira por donde esa madre tenía las mismas inclinaciones que ella, la satánica desviación sexual por el sexo no opuesto les unió.

Era domingo y estaban las tres en Hyde Park. Alejandra y su novia paseaban cogidas de la mano y se besaban de vez en cuando ante la mirada de la niña que jugaba feliz con su perrito Flash.

Y allí estaba también el octogenario exportero venerable, sentado en un banco leyendo el periódico. La pelota de Flash fue a parar a los pies del anciano que, al levantar la vista, vio con asombro a esas dos mujeres enamoradas dándose un beso.

Ese lunes, justo llegar a la escuela, fue despedida por inmoral; el colegio no se podía permitir tener acosadoras en sus aulas.

- Te vas por las buenas o llamamos a la policía.

- No hace falta, estoy acostumbrada a que me echen, recojo mis pocas cosas y me voy. Pero antes tendrás que darme el dinero del despido o llamo yo a todos los padres del colegio diciendo que no quieres pagarme.

A la par pidieron muy poco amablemente a su novia que se llevara a su hija de allí, más que nada para que las demás alumnas no se contagiaran de esa "*enfermedad*".

Y también su novia le dijo que no podía permitirse el lujo de seguir viéndola, por el bien de su hija.

- Compréndelo, ella se merece una vida feliz y deseo que acuda a un buen colegio. No puede suceder lo mismo…

Con algo de dinero y sus pocas pertenencias Alexandra se quedó de nuevo en la calle

No quiso volver a casa y se fue directamente al aeropuerto, se subió al primer avión en el que pudo comprar billete. Directo a Girona.

Con la intención de no encontrarse de nuevo en problemas compró un periódico y buscó una pensión. Encontró habitación en casa de una mujer mayor que le pidió poco dinero con la única condición que no llevara hombres a su casa.

- No tema, a mí no me interesan los hombres, solo necesito un lugar tranquilo donde dormir cuando salgo de trabajar.

- Pues estamos de acuerdo. Cobro los meses por adelantado.

- No hay problema. Tome.

Y le pagó los tres meses siguientes por adelantado, por si acaso volvía a tener "*problemas*" que la dejaran sin blanca.

Se dijo a sí misma que allí tenía que quedarse y no entrar en más complicaciones, quizá su padre pudiera tener razón y su vida de desgracias era debida a su mala obsesión por las mujeres.

Fue aceptando trabajos esporádicos de limpieza y jardinería. El tiempo sin embargo es inflexible y se acercaba el invierno, tendría que encontrar algún empleo más seguro si quería seguir viviendo en casa de su "madrina" como llamaba a la dueña del piso.

Y si no encontraba trabajo quizá encontraría una mujer con escasez de amor, ella tenía mucho amor que dar.

Paseando por el centro de la ciudad se topó de frente con Mayte. Entradita en carnes, de mejillas rosaditas, con un culo que se balanceaba al andar de manera tragicómica entre un pato y una bailarina de salsa. Al verla pasar le preguntó por una dirección, excusa más que sobada que solía funcionar, y así fue.

- Pues esta misma pensó Alex.

Mayte a su vez se veía a sí misma como esa hada madrina de Walt Disney de cuerpecito orondo siempre dispuesta a ayudar. Cuando esa mujer joven y delgaducha se le acercó sintió como si un congreso de hormigas pasara por dentro de su regordete cuerpo y se ofreció a acompañarla.

Esas dos primeras calles que recorrieron juntas fueron los diez minutos más felices de sus vidas, de ambas, tanta era la carencia que tenían una y otra en sus anodinas vidas.

Pero todo eso había pasado ya.

Cierto, querido lector, todo había pasado hacía tiempo. Con los años de empleos esporádicos y furtivos Alexandra era un vegetal a merced de su pareja que sí podía conservar ser la princesa de la cocina de aquel restaurante de la Plaza Mayor.

La pobre Mayte estaba realmente cansada cuando llegaba a casa, pero Alexandra creía que era su obligación hacerle más caso. Se estaba portando muy bien para mantener la relación, necesitaba un poco, aunque sólo fuera un poco más de sexo.

Así que creía que lo mejor era dejarla dormir de noche y atacar por ahí abajo por la mañana, al despertar, cuando el cuerpo ya ha descansado con el sueño reparador. Y cuando apuntaba el alba tocaba a su mujer en su peludo y regordete coño para estimularla.

- Puta mía, puta mía, pasa tu lengua sobre mí, ¡¡¡Fóllame!!!

¡¡¡Fóllame!!!

Y Mayte, que estaba hasta las mismísimas pelotas de esos despertares, se incorporaba sobre ella y lamía su cuerpo hasta conseguir su orgasmo, lo hacía por obligación.

- Algún día me dirá basta, pensó Alexandra acertadamente para sí.

Ese 16 de agosto supo que acababa de llegar otro invierno a su vida.

Mayte se había levantado temprano, antes que pudiera tocarla para su encuentro sexual, y estaba en la cocina preparando zumo de naranja como si no pasara nada. Pero ella lo sabía, era el principio del fin.

Los domingos desde entonces eran una repetición de aquel 16 de agosto y las semanas se deslizaban tan oscuras como su inexistente vida sexual.

Y así fueron pasando semanas y meses. El humor de Alexandra rayaba la impertinencia y Mayte, agobiada, decidió que dormiría en el sofá. El sofá de **SU** casa. No quería hacerle daño pero se sentía como un comodín en la partida de cartas de su pareja.

Alexandra sin embargo se volvió huraña, mezquina, esquiva; solo pensaba en su desgracia y le importaba un carajo su mujer.

Mayte lo pensó mucho antes de hablar. Siempre le costaba tomar decisiones que significaran un cambio de rumbo en su existencia pero ya no podía aguantar más. Esa relación ambigua le provocaba una lucha interna entre lo que quería tener y la educación que recibió de su familia.

Sus padres siguieron juntos hasta el final de sus días. No se soportaban pero creían que era su obligación. A ella le enseñaron que tenía más importancia el "*deber*" que su felicidad. Ahora mismo tenía una guerra interna entre la obligación y la devoción. ¿Quién ganaría?

Mayte pidió **VALOR** a las fuerzas telúricas, Dios o quien fuese que hubiera allí arriba si realmente había alguien, esa noche le diría a Alex que se acabó. No podía más.

Alex la escuchó sin pestañear. Sabía que ocurriría, hacía tiempo que esperaba ese final. Pero eso no sería de acuerdo mutuo ni de lejos.

- -Si piensas que puedes echarme de tu vida cuando te da la gana estás muy equivocada.

- ¡No te echo de mi vida! Sencillamente esta relación ha llegado a su fin, debemos despedirnos como personas adultas, no hace falta hacernos daño.

- Te equivocas. Yo sí quiero hacerte daño, pagarás por esto. Tú no me conoces.

- No hace falta, en serio, ya es bastante duro acabar una relación…

- Te equivocas de nuevo. **Sí** me hace falta. Tendrás tu castigo divino como yo tuve el mío, mi padre ya me avisó.

- Alex, por favor…

- ¿De veras quieres acabar esto? ¡Pues ya te puedes ir!

- ¿Que qué? ¿Cómo dices? ¡El piso es mío!

- Me importa una mierda. Si quieres perderme de vista tendrás que echarme y no será fácil. Te lo advierto, gorda, no me busques o conocerás mi lado oscuro.

Y dejó a Mayte como la quería dejar: desesperada.

Alexandra se despertó por la mañana temprano y saliendo de casa miró con desprecio a esa figura regordeta que se hacía la dormida en el sofá.

- Si se acabó el amor se acabó todo. Nos separaremos a mi manera y cuando a mí me salga de mis imaginarios huevos, susurró.

Los días se hacían eternos. Cada mañana Mayte salía a trabajar y regresaba tarde y Alex paseaba sus desgracias por las calles. De vez en cuando llamaba a su madre, era la única persona que realmente la había querido desde que nació, todas las demás eran mierda pura.

-   ¡Quiere que me vaya! dice que ya no puede seguir con esta relación. Mamá, yo no he hecho nada malo lo juro…

-   Tranquila Alex, todo se andará…

-   Mamá, tendré que volver a casa, esta vez pediré perdón a papá y haré todo lo que me diga. Pagaré por mis terribles pecados, él siempre tuvo razón.

-   ¡Ni se te ocurra! Alex, hija mía, papá se está muriendo. Está obsesionado, tiene alucinaciones, se cree un santo, si te ve te matará, aquí no puedes volver….

Entonces se percató, la desesperada era ella.

Un tal Carlos llamó aquel día. En casa estaba Alex tumbada en la cama viendo la tele, tal era su tarea diaria. Ese estúpido abogado le dijo que fuera a verle, tenía algo importante que anunciarle.

-   Aún tendré suerte. Debe ser por mi padre, pronto heredaré y usaré todo mi dinero para arruinar a esta puta.

No era por su padre.

Carlos le habló de una separación amistosa. Por el bien de todos era mejor hacer las cosas con calma y sin resentimientos. Tendría que abandonar el piso porque Mayte era la propietaria. Por lo demás nada a discutir: no tenían hijos no estaban casadas. No había propiedades en común y ella no aportaba dinero a la casa. Sencillamente debía irse. Y ya está.

Le advirtió también que podía ponerse chula y postergar lo que tenía que pasar pero no era

aconsejable. Necesitaría un abogado y allí el rey era él, nadie quería enfrentarse a él. Y le costaría un dinero que no tenía.

Para colmo, después del juicio que por supuesto perdería, tendría que pagar las costas o enfrentarse a la ley, otra vez, Carlos le dijo:

- ¿Conoces a Mae West?

- ¿Otra abogaducha?

- No, una actriz de cine. Ella dijo:

A las buenas soy muy buena pero a las malas soy mejor.

Mae West

- Así soy yo. No tienes nada que hacer, dijo Carlos.

Alexandra se fue pegando el portazo de su vida. Se iba a enterar Mayte cuando volviera a casa.

Y por la noche Mayte volvió a casa. Ya estaba advertida y se había tomado un ansiolítico, no quería meter la pata. Había hecho lo más difícil, no podía cagarla ni venirse abajo.

Alex pasó más de cuarenta minutos advirtiendo y amenazando. Estaba descolocada ante la pasividad de Mayte que la miraba y escuchaba sin rechistar, sin llorar... cuando hubo acabado los recursos verbales le hizo una pregunta:

- ¿No tienes nada que decir?

- Si.

Habla de eso con mi abogado.

Por primera vez en su vida Mayte le plantó cara. Alex recordó las palabras de Carlos y ya se veía en la calle. Sintió la tentación de pegarle una paliza a la gorda como las que su padre le propinaba a ella para que aprendiera pero en el fondo sabía que no servían para nada, ella nunca cedió.

Al día siguiente se levantó tarde, tenía resaca de cerveza y de pesadillas, la noche le regaló malos sueños y se encontraba fatal.

Salió a la calle y llamó a su madre:

- Mamá, esto pinta mal.

- Si, papá está en el hospital, le dan dos días. Dice que no te acerques por aquí o se levantará para abofetearte. A mí ya me pegó anteayer.

- Mamá, lo siento, vendré a buscarte…

- No. Siempre ha sido mi marido. Un mal marido, si, pero yo le escogí, me quedaré con él hasta que muera. Adiós hija, te quiero.

Al día siguiente y con el propósito de acabar con aquella situación, Carlos llamó a Mayte y a Alexandra a su despacho:

- A ver, las cosas están así: tu Alex tendrás que marcharte

- ¡Ni hablar!,

- Alex, tienes que marcharte, hablaremos con tu madre para que te ayude hasta que consigas un trabajo.

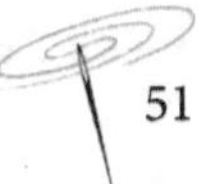

- ¿Mi madre? Tú, puta, ¿por qué le has hablado de mi madre?

- No ha sido ella, recuerda quien soy, dijo Carlos. Debes firmar aquí, tienes una semana. Y recuerda, puedes buscarte un abogado, pero ya sabes cómo acabará esto: perderás.

Alex se levantó:

- Me iré en una semana, no antes.

Esa misma tarde su madre la llamó para informarle de que su padre había muerto.

El notario le informó con dolor que toda la fortuna familiar la dejaba a la iglesia donde asistió toda su vida a los ritos religiosos. Nada para Alex. A su esposa el apartamento del barrio del Raval y una pequeña pensión vitalicia.

- Cariño, a muerto igual que ha vivido, martirizándose. No te preocupes por mí, no necesito lujos para vivir.

Durante esos días iba recogiendo sus cosas, no muchas, ropa, portátil, algunos libros… El sábado sería su último día allí.

Llegó el sábado. Cuando se levantó tenía los ojos hinchados. Lloró por su padre, nunca reconoció su manera de ser. Lloró por su madre, nunca vivió.

Pero sobre todo lloró por Mayte. Por su rencor hacia su padre nunca le dio lo que se merecía: amor. Quiso decírselo en un momento de debilidad pero estaba sola, Mayte ya había salido.

Entre sollozos tenía tomada una decisión: viviría cerca de su anciana madre, y buscaría empleo en algún jardín, la madre tierra siempre le proporcionó alegrías.

Sobre la mesa de la cocina un sobre:

"Alex, lástima del final de nuestra historia. Te dejo dinero para que puedas emprender una nueva etapa".

Si te dejas vencer por el rencor la flor de la esperanza dejará de florecer

Jorge Belzunces

Se puede detestar a alguien a quien amas precisamente porque no puedes dejar de amarle.

Àngels Bardina

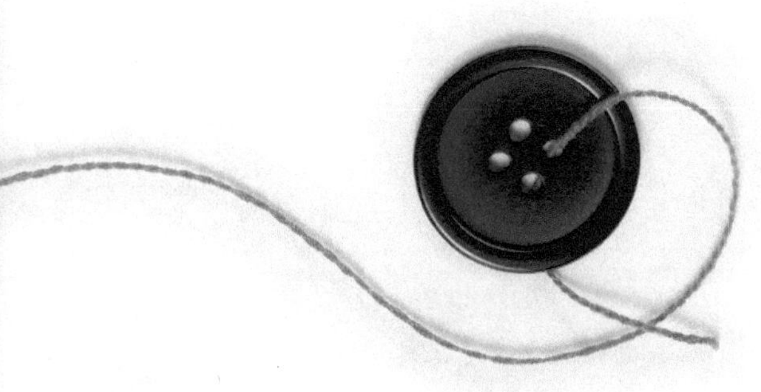

Ricardo – El Desamor

Tiene nombre de rey con corazón de león, se llama Ricardo.

Ricardo salía cabizbajo de la ducha después de su sesión de judo. A pesar de los agarrones del kimono y las veces que había rodado por el suelo no podía quitarse de la cabeza que ese era su último día en la tienda, entregaba las llaves de su negocio aquella misma noche.

- Quizá hice mal al desmerecer a Alba, pero mi hermana es mi hermana – pensaba para sí.

Cuando Ricardo nació, era el cuarto hijo pero el primer varón. Se llevaba años con sus hermanas mayores que se dedicaron a cuidar al bebé y mantenerle entre algodones.

Por si fuera poco, ese niñito tenía el pelo rubio rizado y carita de querubín. Creció en una familia aparentemente feliz hasta que murió su madre, un accidente se la llevó y les dejó a todos sin decir adiós.

Todo se resquebrajó a su alrededor cuando al poco tiempo su padre les presentó a la que sería su nueva mujer, una belleza en su juventud de la que no quedaba gran cosa. Berta, la madrastra – y no lo digo en sentido peyorativo – llegó a la casa con su hijo Joaquim, un niño de cuatro años que, curiosamente, era hijo del mismo padre. Ricardo tenía solo seis. ¿Sí?

Las hermanas mayores lo pillaron enseguida y no estaban demasiado contentas con el cambio, así que desaparecieron de la casa con la excusa de casarse o de irse estudiar al extranjero. Se quedaron allí los dos pequeños: Margarita y Ricardo.

Estos dos hermanos eran como uña y carne, solían estar de acuerdo en todo y se protegían de las dificultades que aquella nueva familia mal reconstruida soportaba.

Margarita era de temperamento altivo, latosa, cargante y sobre todo celosa. Todo lo que ocurría en aquella casa tenía que beneficiarle o se ponía a la defensiva culpando a cualquiera de lo que ella denominaba desgracias. Naturalmente se peleaba mucho con Berta y su aversión rozaba el odio, aunque Berta tampoco se lo quiso poner nunca fácil.

Con la adolescencia, Margarita se marchó también de aquel hogar para vivir con su tía, ya no aguantaba más broncas y ella tampoco cedía, puedes imaginar el caos que reinaba en la familia por entonces, así que con todo su amor por Ricardo le dejó allí solo, pensando en lo que siempre pensaba, ella misma.

Acomodados o no en sus nuevas circunstancias, el tiempo es inexorable y fue pasando para todos. Margarita se casó con Paco, un hombre encantador hijo de buena familia, una familia que no aceptó a su mujer.

Por su parte, Ricardo estudió carrera en la Universidad y se convirtió en un *"pibón"*, es decir, un tipo guapísimo de ojos verdes que encandilaba a las personas del sexo opuesto por su tranquilidad de movimientos y su sonrisa de actor en absoluto fingida.

Ricardo y Joaquim se llevaban bien. Al conocerse de pequeños eran lo que eran, hermanos, y tenían sus más y sus menos como todos los hermanos del mundo, pero no había entre ellos nada fuera de lo normal.

A veces salían juntos como ocurrió una noche de mayo. Joaquim tenía ya veintidós años y una novia alta y alegre llamada Irene que trabajaba en una floristería importante de la ciudad. Aquella noche de octubre Irene invitó a salir a Alba, una compañera suya del trabajo.

- Va mujer ven, voy con mi novio y con su hermano, la mayoría no tiene pareja, compartimos el gusto por la música, te lo pasarás bien.

Y fue.

Al llegar a la disco Alba se acercó a Irene y esta le presentó a su novio, Joaquim y también a Ricardo, su futuro cuñado.

Por ese entonces, Ricardo era un tranquilo Don Juan que no tenía que conformarse con los amoríos que surgieran, él podía escoger. Cuando vio a Alba, normalita y bajita, le hizo gracia. No era el tipo de mujer con el que solía salir, no se parecía en nada a su anterior novia alta y guapa.

Como dicen que los polos opuestos se atraen supongo que eso es lo que debió pasar. Alba por su parte le llamó interiormente bombón, de esos Lindt de chocolate belga con menta, la menta que hacía juego con sus ojos verdes. Se enamoró al instante.

Empezaron a salir. Alba enamorada, Ricardo bastante contento pero con dudas, esas dudas que surgen cuando tienes miedo al compromiso y no necesitas tener compromiso.

A partir de entonces empezaron a salir hasta que llegó el momento en que Ricardo se planteó si realmente amaba a Alba. Como ella se dio cuenta de su turbación le preguntó directamente:

- Pero… ¿tú me quieres o no me quieres? Dijo Alba.

- Pues no lo sé…

- Porque si no me quieres no tenemos que seguir adelante…

Tampoco fue una gran conversación. Ricardo la quería pero no estaba preparado para un compromiso exclusivo, sin embargo siguieron adelante y se casaron en setiembre, justo al año y medio de conocerse.

Todo parecía ir bien y tuvieron tres hijos.

En realidad la palabra clave es "*parecía*" ya que Margarita no estaba para nada contenta con esa relación. Consideraba a Alba una mujer fea y poca cosa para su hermano y Alba intuía que de vez en cuando hacía pequeñas incursiones en el cerebro de su Ricardo para agrietar su ya poca y frágil seguridad.

La pareja era feliz, o al menos así fue durante un tiempo, mucho más tiempo para Alba que para Ricardo que ya empezaba a echar de menos los agasajos femeninos de tiempos anteriores y buscaba escapatorias a las que llamaba clases de Judo.

Según qué comentaba Alba la respuesta de él era que estaba más guapa callada, de buen rollo claro…

Con el tiempo, la antigua Alba semiinferior prudente y anodina volvió a escena y eso acabó de arruinar la relación, una relación ya muy deteriorada por las incursiones que les hacia su cuñada Margarita acusándola de celosa. Ricardo callaba.

Por aquella época las dos mujeres trabajaban en la tienda de Ricardo. Alba intentaba darlo todo y Margarita intentaba no hacer demasiado excepto cobrar a fin de mes.

La sensación que tenían las dos mujeres era de fastidio una con otra, más fastidio para Alba que no podía quejarse demasiado, Ricardo siempre protegía a su hermana.

Como la situación económica no era muy clara pasaba lo que suele pasar cuando el dinero escasea, las relaciones empiezan también a escasear. No las concernientes a Margarita que nunca le faltó su sueldo, pero sí las de Alba que tenía que pedir permiso para coger dinero y comprar lo necesario para comer, en casa esperaban tres niños, pero allí el dinero lo manejaba Ricardo. Y punto.

Ricardo estaba acostumbrado a ir tirando de esta manera. Sin embargo era caprichoso y solía llegar a casa con objetos y prendas de vestir caros pero comprados en rebajas o en Outlets, esa era la excusa que ponía:

- Es muy bonito y me ha costado muy barato, decía.

- Si, es bonito…

Ese era uno de los motivos por los que su mujer se sentía ignorada. Por buena y barata que fuera su compra ella pensaba que en casa y a sus hijos les faltaban cosas, ese gasto se tendría que hacer en la familia.

Pero Ricardo, que había sido un niño mimado, seguía siéndolo y de mayor continuaba comprando "*juguetes*" en forma de abrigo que nunca se puso o de coche deportivo que no era para nada necesario.

Alba siempre se sintió relegada a un segundo plano con respecto a Margarita. La había visto muchas veces hablar de terceras personas y reírse de ellas. En su interior sentía que cuando ella no estaba también sería el objeto de las burlas de su cuñada y del dejarlo pasar de su marido.

No, esa relación no podía acabar bien. Ricardo era un buen hombre pero algo vividor y acostumbrado a que le mimasen y su esposa le mimaba pero no sabía hacerlo, él nunca lo percibía así.

Además pasó mucho tiempo antes de que Alba se diera cuenta que todo lo que ocurría era precisamente por causa de ella misma. No quería disgustar a su marido, nunca quería disgustar a su marido, así que sin darse cuenta se volvió anodina, insulsa y triste, se sentía fuera del lugar que le correspondía, algo que a él le cargaba.

Gracias a la metementodo, irritante y celosa Margarita, todo empeoró. Ese es quizá el único aspecto de esta historia que Alba echaría en cara a su exmarido desde entonces hasta hoy, y han pasado más de veinte años.

No, Ricardo nunca se dio cuenta que su esposa no era celosa, lo era su hermana. Tampoco se percató que su esposa le quería mucho más que su hermana. Ni que a su esposa nunca le molestó esa hermana. Todo se armó por la sutileza y el mal hacer de aquella Flor celosa y Ricardo olía ese aroma floral pensando que era auténtico.

Y si, Ricardo era un buen hombre. Nunca quiso ningún mal a su mujer aunque a ella le dolieran algunos escarceos amorosos que había tenido fuera del matrimonio. Él se dejaba llevar por una de las dos mujeres de su vida, la que menos le amaba pero la que parecía que le amaba más.

Y aquello terminó en divorcio.

Como ya has llegado hasta aquí te habrás dado cuenta que en esta historia no hay un monstruo real, sencillamente una gran falta de comunicación entre la pareja agravada por una celosa y fastidiosa mujer que no sabía aceptar que la relación que debía romper era la suya y no la de su hermano. Pero Margarita siempre actuó así, culpando a los demás de sus propios errores y desgracias.

Alba sabia que Ricardo no estaba del todo convencido de de acabar así, quería a sus hijos y - a su manera - también a ella, pero supo que no podría ganar la guerra contra la flor de su cuñada, estaban demasiado unidos y Ricardo jamás le llevaba la contraria. Acabó cediendo a la ruptura porque le saldría menos cara una muerte rápida que una agonía lenta.

De esta historia puedes aprender varias lecciones:

- La gente no siempre ve todo lo que le rodea aunque lo tenga delante: un gran amor puede pasar desapercibido si no sabes cómo expresarlo. O si no saben verlo.

- Hay personas que socaban las relaciones de otras por no ser capaces de arreglar las suyas propias.

- Podemos tener fuerzas que se contraponen:

existen conflictos internos en los que elijas lo que elijas nadie sale ganando.

- Hay formas de aprender que no deberían ser tan crueles: cuando el amor se rompe debes seguir viviendo, la alternativa no es una opción.

- Comunícate más: amar no es suficiente, hay que contribuir expresándolo, hay muchas formas de hacerlo.

Y recuerda siempre al Poeta:

Te amo en la oscuridad, secretamente, entre la sombra y el alma.

Pablo Neruda

Hay gente que, cuanto más haces por ellos, menos hacen por sí mismos

Emma, Jane Austen

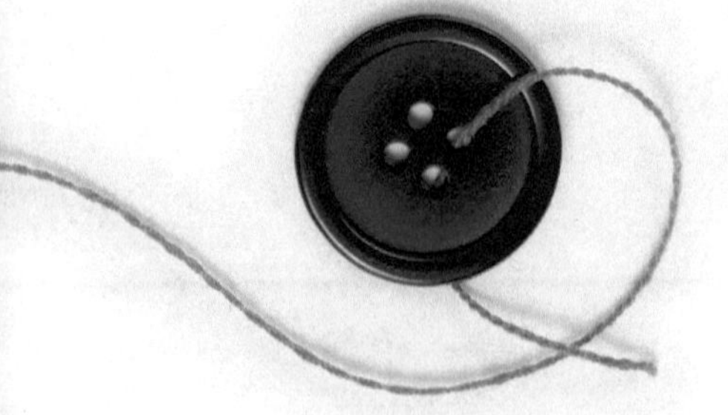

Geraldine y Luis – Desequilibrios Emocionales

Sentada en la cocina con un pie encima de la silla y la rodilla a la altura de su boca, como los niños pequeños, así era como Geraldine desayunaba cada día. Mirando de reojo se iba enfureciendo al oír los ruidos de la habitación contigua donde Luis levantaba la persiana para que entrara la luz. Su hermano se había despertado y entraría en la cocina a joder la mañana.

Geraldine se acercaba ya a la treintena y su estado natural era el enojo. El enojo cuando reposaba. Si algo no le parecía bien entonces le atacaba la ira, normalmente varias veces al día.

Y en ese momento estaba al borde de la ira.

Era junio y había llegado la noche anterior. Cansada del viaje de tres horas – tres eran suficientes para cansarse mucho – Geraldine había llegado a la Gran casa sobre las once de la noche.

Su padre estaba loquito de contento, su hijita querida llegaría aquel día para pasar unos días con el, hacía dos meses que no la veía y quería abrazarla y que le contara muchas cosas.

Job, el padre, solía acostarse sobre las diez, pero aquella noche esperó.

Esperó que llegara sobre las cuatro de la tarde como había dicho, pero no fue así. Más o menos a las seis llamó para decir que llegaría sobre las nueve, pero tampoco fue así. A partir de las nueve no hubo más información y acabó llegando a las once y veinte de la noche.

Cuando Geraldine llegó hizo lo hacía cada vez que volvía a casa: saludar con cara de asco, hacerse la cansada víctima y dejarle allí sin ni siquiera un abrazo.

- ¡Mi vida! Que ganas tenía de verte ¿qué tal el viaje? ¿estás cansada? ¿Te preparo algo para cenar? Te he hecho macarrones que te gustan tanto, ven, los caliento.

- Hola..., no..., me voy a dormir.

- Saluda a Nieves ¿no? Te esperábamos antes…

- Hola…, dijo sin mirarla.

- Hola Geraldine, dijo Nieves mientras hacía ganchillo.

- ¡Qué pasa! ya te molesto ¿no? Solo llegar y ¡ya me estas poniendo mala cara! Vaya mierda, me voy a dormir.

A los cinco segundos se oyó un portazo; la niña esperada cerró la puerta de su habitación despertando a Luis, que hacía ya dos horas que dormía.

- ¿Ha llegado Geraldine? Voy a verla.

- No, déjala, la pobre está muy cansada, la verás mañana. Dijo el padre.

- Vale, pues me voy a dormir, adiós, dijo Luis.

Y al quedarse solos Job y Nieves, el padre amante que no obtuvo su abrazo se enfrentó a su esposa:

-   Tendrías que ser más simpática con mi hija, ni la has mirado.

-   ¡Ni me ha dado tiempo! Ya has visto como se ha puesto conmigo, yo no le he hecho nada, solamente he dicho hola….

-   Pues por eso mismo, no le dices nunca nada, por eso se ha ido tan triste y enfadada.

-   ¡Ni he tenido la oportunidad, se ha puesto a chillar y atacarme, yo no he dicho nada!

-   Tú no la entiendes, ella está enferma, necesita que la ayuden y ni la miras.

-   ¡Pero si no he dicho nada!

-   Me voy a dormir. Espero que mañana no haya más problemas. Adiós.

Aquella situación era repetitiva. Cada nueva llegada pasaba lo mismo con las mismas palabras o con otras, pero siempre muy parecido: Job deseoso de abrazar a la niña, la niña deseosa de tumbarse en la cama, Nieves calladita por si acaso provocaba un altercado, el altercado que se producía igualmente porque la niña así lo quería, el marido regañando a su mujer culpándole del altercado.

En aquella Gran casa a la que Nieves denominaba el **Planeta Job**, nadie de la familia Job tenía nunca la culpa de nada, nadie era nunca el causante de nada, sólo quedaba una persona a quien culpar: Nieves.

Geraldine era un chica agraciada y de buen cuerpo. Podría tener cuantos pretendientes quisiera sin salir a buscar y realmente los tenía, aunque cada vez menos pues en el pueblo pirenaico donde residía ya la conocían muchos: Geraldine la víctima, Geraldine la iracunda.

Pero ella no entendía nada. Se sentía fatal porque la gente que se le acercaba la acababa dejando de lado muchas veces con discusiones que siempre quería ganar.

Solía hacer amistades fácilmente y las perdía también fácilmente al poco de conocerlas. Había intentado compartir piso en varias ocasiones y siempre el grupo la acababa por echar, por ese motivo buscó un apartamento para ella sola.

El apartamento no compartido tenía la ventaja de poder hacer allí lo que le diera la gana y la desventaja de no compartir gastos y, sobre todo, la soledad.

La soledad, el gran hándicap de su vida.

Cuando cumplió los veinte ya decía querer una familia feliz con hijos y un marido que la amara y los años iban pasando sin que aquel deseo se cumpliera. Con 22 decía que aun era joven, y decía lo mismo con 23, 24 y 25, aunque ya con menos alegría.

El tiempo fue pasando y sus amigas sí iban consiguiendo lo que casi todos buscamos o nos encontramos en la vida a esas edades, una pareja unos hijos, una estabilidad laboral más o menos estable.

Sin embargo lo que conseguía Geraldine era unos amantes furtivos, unos fines de semana en soledad ya que sus amigas los pasaban en sus nuevas familias, unos trabajos esporádicos pues sus jefes tampoco le aguantaban las quejas, en fin…

Conseguía un sufrimiento insufrible.

¿Cuál era la causa real de este comportamiento? En realidad no tenía que ver con todo lo que te he contado anteriormente. Lo cierto era que muy muy dentro de su corazón y de su mente, el gran secreto guardado bajo siete llaves era otro: el miedo a ser como Luis.

Luis era su hermano mayor. En su infancia y adolescencia habían sido una familia feliz con los altibajos que tienen todas, pero feliz al fin y al cabo.

Job gozaba de un buen empleo y tenían una gran casa con jardín y piscina cerca del mar y de Barcelona, en ella eran más felices que la mayoría de la gente en esos años. También tenían una caravana en la que pasaban los veranos viajando por toda Europa; en definitiva, eran unos privilegiados.

Como los hijos habían conocido únicamente esta vida, nunca se dieron cuenta que las vidas del 90% de los demás mortales de su época no eran para nada así, sino vivir en un piso con pequeña terraza en barrios medios de una ciudad ruidosa, con vacaciones de una semana, en diminutos y feos apartamentos de mar o montaña; el resto de los días sin cole lo seguían pasando en el pequeño piso del barrio medio de la ruidosa ciudad o en la calle, en un parque cercano si tenían suerte.

No era la educación de sus padres lo que hacía pensar a esos hijos como pensaban. Sus padres solo quisieron para ellos lo mismo que quieren todos los padres, que fueran lo más felices posible. Sin embargo ellos tenían la impresión que quien vivía en pisos pequeños de ciudad eran pobres a los que mejor no acercarse y quien tenía más que ellos eran unos "*pijos*" indeseables.

Quien más pensaba así era Luis. La palabra "*pijo*" la utilizaba siempre de forma despectiva cuando veía a alguien que tenía un coche mejor, una casa mejor, un lo que fuera mejor…

Luis estudió teatro y sus amistades eran gente bohemia. Él también lo era mucho pero solamente de boquilla.

Como sabéis, un bohemio es aquel que rechaza los valores burgueses como la propiedad privada o las riquezas.

A nuestro Luis solo le interesaban algunos aspectos de la filosofía bohemia, los que tenían que ver con una vida sin los estrictos valores morales, la libertad de acción a su rollo sin preocuparse por nadie, la libertad sexual, el ser artista por ser artista aunque no se gane dinero, el apartarse de las normas sociales, el sobrellevar la miseria con humor….

Naturalmente a el nunca le faltó dinero, nunca pasó hambre, nunca tuvo que preocuparse por nadie, casi nunca aceptaba un trabajo por sentirse superior, por esa razón gustaba de la ideología bohemia, no tenía que esforzarse.

La teoría es fabulosa cuando no tienes que ponerla en práctica.

En la vida de artista que se montó, habían también "*complementos*" para pasar las horas felices, complementos de esos que se fuman o se esnifan. No pensó Luis que le podían llevar precisamente a lo contrario de la felicidad y el "*dolce far niente*": un padecimiento mental.

Nada hay más terrible que gozar de buena salud física y de un desequilibrio mental a la vez, ya que no es la naturaleza la que te va matando poco a poco sino tu propia forma de pensar, la cual no dominas pero crees que dominas.

Luis había desarrollado aquel mal sin apenas darse cuenta y sus padres lo fueron sabiendo y asimilando poco a poco.

Su vida empezó a complicarse ya que se volvió desorganizado y empezó a perder el contacto con la realidad.

Llevarle la contraria era bastante desacertado pues él no percibía las cosas de forma congruente y se ponía algo provocador y malhumorado.

La llegada de Nieves a la casa no le gustó en absoluto. Aunque ella pasó años intentando ayudar y entender al chico acabó por pensar que era mejor ignorarle. No hacía lo mismo Luis con ella pues - si nadie lo veía - solía ser beligerante para conseguir molestarla.

También las quejas de Nieves a su padre caían en saco roto porque Job no quería despertar la agresividad de Luis; contrariarle o reñirle acababa, o bien en peleas, o bien en lloros victimistas, alegando que no quería ofender y que se portaría bien.

- Vale, ya me callo, lo hago por ti, papa, para que no te enfades.

Pasara lo que pasara, Nieves acababa siendo la mala del **Planeta Job** como siempre, así que decidió

pensar que lo mejor era ignorar al chico. La ignorancia tampoco caía bien.

El problema de tener una persona con este trastorno en casa es que nadie quiere que suceda aunque he de admitir que quien más lo sufre es el propio afectado porque es consciente que nunca se volverá a poner bien.

Geraldine quería a Luis. Le quería al mismo tiempo que le detestaba. Pero no era un detestar de no querer sino más bien un detestar de temer. Tenía mucho miedo al verle sufrir y pensaba que al ser hermanos ella podría tal vez desarrollar la misma enfermedad.

Muchas veces al ver a Luis en las épocas más dificiles le trataba mal. No le escuchaba, no le hablaba, no le quería a su lado. Y se sentía culpable por hacerlo así, de ahí también su enojo constante.

En la Gran casa pues, aunque desde fuera parecía todo perfecto, lo que había en realidad era un sufrimiento de todos para todos. Un grave problema que nadie de fuera veía, que ninguno de ellos sabía muy bien cómo afrontar. Uno de esos graves problemas en la oscuridad.

Geraldine solía tener crisis propias a raíz de aquel complicado escenario familiar y las demostraba en forma de ataques de ira.

Cuando pensaba que algo o alguien contradecía su verdad callaba.

El silencio no tardaba en romperse con un estallido en el momento menos adecuado y a veces con las personas menos indicadas. Geraldine vivía su vida a través de la ira, se relacionaba a través del enfado, hablaba a través del enojo. El 90% del tiempo de su existencia.

Nieves padeció ese estallido el último día de su estancia en la Gran casa cuando, en uno de sus ataques sin sentido, se encontró en la calle.

Fue precisamente entonces cuando el tío de Geraldine apareció en escena para calmar la situación. Jaime, el tío, le hablaba de forma serena y adulta y ella empezó a hacer lo de siempre, la víctima.

Todo aquel estallido la sosegó pero solo fue brevemente para pasar a sentirse culpable, avergonzada y triste.

La verdad, no creo que esa mujer que habitaba dentro del cuerpo de Geraldine quisiera sanar, más bien gozaba de los beneficios secundarios que le llegaban por su actitud. No, no quería sanar. Y el precio a pagar era muy alto: malas relaciones con los demás.

¡Ahí estaba! El meollo de la situación. Tanto dar vueltas a los sucesos que os acabo de contar para llegar a lo que seguramente es lo que ocurría en realidad. Con ya treinta años largos no tenía lo que tanto ansiaba: un marido, unos hijos, una familia propia con una Gran casa, el "**Planeta Geraldine**".

Su tío le aconsejó que volviera al Pirineo y llamara a su asesora de salud, Marta, y se pusiera en sus manos. Marta le escuchó y le propuso una serie de normas para salir de ese mal estado interior. Pero sobre todo le hizo entender que su mal no era el mismo de Luis, no debía tener miedo al respecto, era otra cosa, bueno....., otras cosas.

- Envidia de lo que otros tenían y ella no.

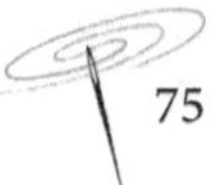

- Sentimiento de abandono.

- Relaciones tóxicas.

- Rigidez mental.

- Ira, rabia, enojo, resentimiento, enfado, irritación, furia, cólera, rencor…. Y todos los valores contrarios a la paz ansiada.

Todas estas actitudes le proporcionaban beneficios pero no eran lo que ella ansiaba, no apagaban sus deseos. Debía rectificar, cambiar la rigidez por la flexibilidad.

Y se dio cuenta de una cosa:

La ira nos enferma y nos vuelve cautivos.

Cuando una mujer se vuelve a casar es porque desaprobaba a su primer marido. Cuando un hombre se vuelve a casar es porque adoraba a su primera mujer.

El retrato de Dorian Gray, Oscar Wilde

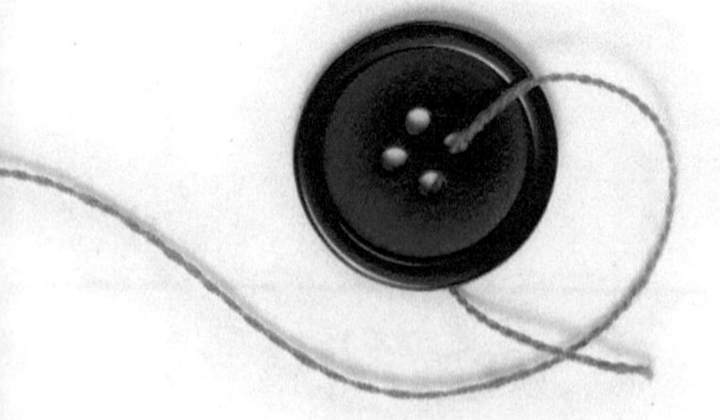

Job – La Indolencia

Quería ser. Creía ser. Pero no era....

Este hombre obeso y bajito era una especie de híbrido entre San José y Papá Noel, así lo aparentaba y este era el papel que se había adjudicado a sí mismo en el teatro de la vida.

Y lo cierto es que lo hacía muy bien.

Tan y tan bien lo hacía que ya lo tenía interiorizado hasta el punto de creer que era una realidad.

Tan y tan bien lo hacía que todos los que le conocían pensaban del mismo modo y lo tenían por una verdad Universal.

Su falta de atractivo corporal estaba totalmente cubierta cuando te miraba y te sonreía. Sus ojos azul mar de mirada cristalina, su sonrisa eterna y sus buenas maneras le hubieran hecho creer cualquier cosa a cualquiera, y así ocurrió con Nieves el día que se conocieron.

Sin embargo ya sabrás que todo el mundo tiene un lado oscuro que guarda celosamente bajo llave en un rincón para que nadie pueda percatarse de que existe.

En su caso, ni él mismo se había percatado que existieran esas tinieblas, recuerda que se tenía por un híbrido de los cielos.

Quería creer que ese lado oscuro simplemente no existía. Así se lo decía su mente, pero en soledad él era consciente, ahí estaba, aunque no le dejaba salir.

Y nadie que no pasara con él años de vida en común lo descubriría jamás.

Cuando Nieves conoció a ese viudo alegre no le sedujo demasiado. A ella le gustaban más los hombres altos, de cabellos semiondulados acariciando sus hombros, de aspecto informal pero con ropas de la mejor marca. A poder ser y puestos a soñar, con una preciosa moto. Job era la antítesis.

Sin embargo aquellos ojos azul mar le acariciaban el alma. Nieves no hubiera tenido una segunda cita con él pero desde el primer día fue atento y generoso. Y traduzco generoso: la sorpresa del día podía ser un viaje a Brujas, la cena del finde una noche en París… todo estaba bien para tener una relación intensa y llena de amor.

A nieves le costó pero se fue enamorando poco a poco. Bueno…. Bueno…. enamorarse no lo hizo pero le fue tomando cariño, cada día un poco más, hasta darse cuenta que le quería, le quería de verdad. Y aceptó vivir con el.

La relación era estable en general ya que los dos ganaron: Job pudo dejar atrás la soledad en la que estaba inmerso desde la muerte de Inés, volvía a tener una compañera de vida.

Y ella consiguió por fin una pareja estable que sabía escuchar, que le daba seguridad y que la hacía reír ya que ese hombre tenía un sentido del humor fino y afilado que se podría definir entre un cuchillo de chef 3 estrellas Michelin mezclado con el mejor humor inglés.

Nieves era divorciada de su primer marido, el que había sido – y seguiría siendo hasta su muerte, porque negarlo – el hombre de su vida, su príncipe azul auténtico. Con él no tenía ninguna relación hacía tiempo pero siempre sería el padre de sus hijos, ese cordón umbilical jamás podría cortarlo ese hombre por mucho que se empeñara. Y ella notaba esa unión en su corazón, le martirizaba la lejanía pero le hacía sentir llena de amor a distancia. Ya no dolía el amor.

Cuando nieves conoció a Job acababa de salir de una terrible relación con su segunda pareja, un narcisista empedernido y maltratador psicológico de mierda.

Se lo tuvo que quitar de encima su querido amigo y abogado de toda la vida, un tranquilo individuo con gafas John Lennon cuyo aspecto no impresionaba demasiado, esa era su mejor cualidad. Al parecer un poco tonto sus rivales no le tomaban muy en serio y… ¡Zasca! ya has perdido, ¿Quién es el tonto ahora?

Entre perder a su AMOR con mayúsculas y creer que tendría una segunda oportunidad con NARCISO, Nieves decidió que ya era suficiente y se prometió a sí misma:

¡No más hombres!

Pobre ilusa, mira por donde la vida aún no había acabado con ella. Se rindió. Y esta vez se casó de nuevo creyendo que era el premio a tanto sufrimiento. Se lo merecía, sería feliz por fin.

De su anterior matrimonio Job tenía cuatro hijos: Luis, Cecilia, Diana y Geraldine. El mayor era Luis y seguía viviendo en casa de su padre debido a tener - por desgracia - una enfermedad mental. Aunque estaba bastante controlada, le confería una personalidad obsesiva, desconfiada y celosa, así que al ver llegar una nueva mujer a la existencia de su padre arrugó el morro y se cabreó. Un cabreo que duró los quince años de ese matrimonio.

Siendo el mayor de dos hermanos, la vida de Job acontecía tranquilamente feliz entre la escuela y sus juegos en la calle. Su hermano nació cuando él ya tenía doce años y le gustaba perseguir a ese niñito en calzoncillos por los pasillos de su casa.

Acabó la escuela y se fue - como era normal en los años sesenta - a cumplir con sus obligaciones con la Patria. Le mandaron a aviación, y aunque jamás pisó un aparato volador llevaba el uniforme más chulo del ejercito y se daba pisto con las chicas que, locas por su vestimenta y sus ojos azules, le facilitaban su estancia en Zaragoza.

En esa época un amigo le presentó una mujer **ALTA**, en todos los sentidos. Inés provenía de la típica familia media barcelonesa que disfrutaba de la naturaleza.

Después de un tiempo de noviazgo se casaron y tuvieron nada más y nada menos que cuatro hijos.

Aquello era todo felicidad. O al menos eso era lo que pensaba nuestro Job.

Pero sin previo aviso le llegó a Inés esa polilla infernal que te corroe por dentro y te va robando la vida. Nada se pudo hacer por ella, murió joven dejando un marido desesperado con cuatro hijos a su cargo.

Con una buena posición económica y una casa con grandes ojos abiertos al mar, Job creía que todas las desgracias del universo caían sobre él.

Se había acostumbrado a ir a trabajar ganando suficiente para el mantenimiento de su familia y de su gran casa y pensaba que con eso ya era suficiente, su parte del trato estaba hecha. Todo lo demás era responsabilidad de Inés. Y ahora no estaba.

¡*Menudo problema*!

También pensaba que las pequeñas dificultades diarias que todos asumimos eran las terribles plagas de Egipto que se cernían sobre él. A cada pequeño percance meneaba la cabeza, cerraba los ojos y no decía nada, nada que pudieras oír. Por dentro creía ser el número 1 en la diana de las desgracias.

Entonces emergía ese San José que a todos deslumbraba. Era el pobre viudo, el que luchaba como un Titán contra poderosas deidades perversas. El hombre ejemplo de bondad que se enfrentaba a todos con valentía en silencio.

Job no había tenido una existencia complicada aunque él creía lo contrario. Es el típico personaje que piensa que los problemas corrientes que tenía eran lo peor. Mejor dicho: lo siguiente a lo peor.

Cuantísima gente firmaría ciegamente por tener esa vida plácida, sin riquezas pero con abundancia, en un entorno natural. Sin ruidos de autobuses que te despierten por la noche, sin dificultad para pagar facturas, sin apretarse en habitaciones diminutas en penumbra, sin la nevera medio vacía…

Nuestro mal llamado héroe era la prueba viviente de la persona que se ahogaría en un vaso de agua. También el mejor actor que te podías tirar a la cara.

Nunca apreció en realidad la suerte de tener

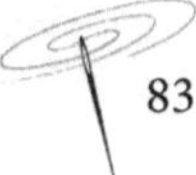

quien le limpiara la casa, ni el coche de alta gama, ni poder ejercer un trabajo bien remunerado que le apasionaba. Aunque todo era relativamente fácil en su vida, él callaba como un San Sebastián cualquiera recibiendo a la muerte en forma de flechas.

Vamos, por decirlo de otra manera y para que me entiendas: no tenía grandes dificultades pero era la callada víctima *"number one"*.

A los tres años de viudez y después de abandonar a varias novias – has oído bien – conoció a Nieves.

¿Habéis visto alguna vez la cara de felicidad de un niño cuando le regalas un cachorro? Pues Job estaba como el cachorro: feliz y meneando la cola.

Ya no estaba solo, podía volver a ser feliz.

Y nieves estaba convencida de lo mismo. En los cuatro años que pasaron juntos antes de casarse ella creía firmemente que le había llegado por fin a su vida el hombre adecuado.

A pesar de no ser un camino de rosas por esos cuatro hijos malcriados iban bastante bien y se casaron un día de abril. Ese matrimonio duró una década.

Durante los ocho primeros años Nieves nunca, repito, nunca, vuelvo a repetir, **¡NUNCA!** se dio cuenta de lo que pasaba. ¡Era la tacañería emocional en persona!.

Ella estaba casada con San José unos días y con Papá Noel otros. De vez en cuando tenía la sensación de que le habían robado el suelo y podía caer al abismo, pero acababa culpándose a sí misma.

Los amigos de su marido la aceptaron en el grupo

con buena cara pero de bastante mala gana. Frases como:

- Tienes mucha suerte.

- Ya no quedan hombres así ni buscados con lupa.

- Inés era el pegamento de la familia.

- Eran la pareja perfecta.

Le daban a entender que ella era muy poca cosa, que la toleraban porque Job se lo merecía todo, aunque ella muy poco.

Poco antes de la boda le dijeron que tenía que firmar unas capitulaciones matrimoniales para dejar claro que si él moría la casa pertenecía única y exclusivamente a los hijos malcriados que temían por su herencia. Como si ella fuera una ladrona furtiva disfrazada de esposa. Nunca pensó en la casa.

Nieves empezó a tener la sensación de ser el adolescente sentado al filo de la red en un encuentro de tenis, todos miran el partido pero nadie se fija en ella.

A su vez, con el paso del tiempo, Job le iba colgando etiquetas a su conveniencia:

- Tú piensas que…

- Es que a ti esto no te gusta… O…

- ¿Cómo te gusta? ¿estás segura? ¿no quedaría mejor así? ¿no decías que así te gustaba?

Este tipo de preguntas típicas de "*te hago todo el caso del mundo hasta que me des la razón*".

Cada viaje de vacaciones que programaban era un paseo por el campo. Nieves era urbanita pero no importaba, en la naturaleza de su primera esposa se lo pasarían mejor, la conversación siempre giraba alrededor de Inés:

- Aquí vinimos de excursión

- Aquí nos conocimos

- Aquí…, aquí…, aquí….

Nieves habría querido gritar mil veces:

¡Hola! ¡Estoy aquí!

Si la acompañaba al médico y le recetaban ansiolíticos nunca le preguntó cómo se sentía.

Cuando de cayó por las escaleras ni puto caso:

- No te quejes más, mujer, ¡no es para tanto!.

Nieves tenía tres costillas rotas.

No solamente actuaba de esa manera con ella, lo hacía con todos. Si movía el culo por alguien no era por gusto, ni por cariño, lo hacía por obligación. La obligación ante todo, eso se tenía que cumplir, era lo que hacían los San Josés y los Papas Noeles. Qué pensaría la gente sino….

No se permitiría nunca que su lado oscuro asomara una patita por debajo la puerta.

Te contaré una anécdota: Marte era un labrador precioso de catorce años que seguía a su dueño allí donde iba. Job le amaba, le mimaba. Cuando llegó el veterinario les dijo que tenía un ictus del que no se recuperaría, ni podía andar, le tenían que sacrificar.

- Os dejo con Marte para que os podáis despedir, mañana vendré a ponerle la inyección, dijo el veterinario.

El pobre perro sufría mucho adivinando seguramente que le quedaba poca vida. Se había acurrucado en el suelo con la cabeza sobre los pies de su amo que le acariciaba con cariño.

Sobre las once de la noche Job tenía sueño, se fue a dormir. Sólo Nieves se quedó a su lado haciéndole compañía a ese perro fiel la última noche de su existencia. Marte se escondió en una esquina, se había quedado solo. Nieves se tumbó a su lado.

Quizá esta anécdota te dará a entender la realidad de lo que pasaba por la cabeza de ese hombre. Así era con todo. Cuando nadie le veía sólo le importaba su persona. Nunca lo aparentó.

Nieves cada día era más consciente que aquello no acabaría bien. Incluso estaba seriamente convencida que Inés se había ido de esa casa a su manera. Alta. Con sigilo, generosa, sin dañar, amando, huyendo…

Con el tiempo se dio cuenta que aquel hombre era un farsante. Un San José farsante. Un Papá Noel farsante. Nadie le importaba. Nadie que no fuera él.

No la quería a ella, la quería para él.

Se había casado con un indolente.

Los dos últimos años de matrimonio ella volvía a su NO casa, con su NO marido, tenía su NO felicidad.

Aquel maltratador de mierda de su relación anterior le hirió en lo más profundo de su ser y pensaba que nada podía ser peor, de un tiparraco como ese se podía esperar cualquier cosa.

Sin embargo se equivocó. ¿Quién espera que San José te ignore? ¿Quién piensa que Papá Noél te regalará tanta indiferencia?

No, de alguien así no esperas nada malo, por esa razón duele más. Y Job le hirió de nuevo en lo más profundo de su ser. Y también de su alma y de su corazón.

Nieves recordó lo que le había dicho su amiga Alba un día:

- Job no es hombre para ti, es el típico espécimen de la tontería.

Hay gente que és. Gente que quiere ser. Y gente que cree que és lo que quiere ser. Estos son los peores.

Job nunca avanzó, por eso fracasó.

Convirtió el dolor en sufrimiento y lo arrastraba como una bola negra de hierro encadenada a su pié. Era su zona de confort, así no tenía que responsabilizarse de su nueva esposa y a la vez mantenía el fantástico estatus de ser el mejor San José, el mejor Papá Noel. El sacrificado viudo. Que se jodan los demás.

Para Job todo era fácil en su vida aunque él se empañaba en ver problemas por doquier. Primero quiso hacer a Nieves a la otra imagen y semejanza. Cuando vio que eso no era posible empezó a echarla de su vida sin que ninguno de los dos se diera cuenta. La bondad a veces hace cagar.

Un domingo….

La gran casa se llenó de gritos.

Nieves estaba llorando de impotencia, ya no podía más. Tantos años intentando formar una nueva familia para acabar así, con una cría de treinta y cuatro años gritándole histérica que se marchara.

No podía creer que una niñata egoísta y maleducada la estuviera empujando hacia la salida para echarla, aunque sinceramente no era esa la situación que le dolía, sino el ver a su marido con cara de turbación escondiéndose detrás de la puerta. La indolencia en estado puro.

Nieves nunca imaginó que aquella desgracia iba a ser su mayor fortuna. Se fue para no volver jamás.

Cuando todo acabó Job estaba muy cabreado. Ese domingo había invitado a sus primos y tíos a comer y tendría que explicar lo que había pasado. Horror… le turbaba tener que dar explicaciones cuando las cosas salían mal y se mostraban en público. Sin embargo le dio la vuelta como hacía con todo.

Nunca dijo a nadie que su neurótica hija le hizo el favor de su vida. Quería quitarse de encima a su mujer porque ya le era demasiado incomoda, pero era un cobarde, no se atrevía.

Cuando Geraldine la echó, se escondió para no ver, para no decir vete, para no decir quédate y hablamos, para no decir lo siento. Otra vez la indolencia, la silenciosa serpiente que hace perder el interés por todo y por todos. Es mejor idealizar y acostumbrarse al dolor, al aislamiento, a la flojera, a la pobre visión del Universo, al no hacer nada.

Una mañana en que Nieves pasó a recoger sus cosas Job ni le ayudó. Esa buena chica que anteriormente se había hecho querer le había puesto demasiado incómodo. Cuando solo quedaba una caja por cargar al coche le preguntó si necesitaba ayuda. De nuevo San José el magnánimo.

Pero esa misma noche se encontró un regalito debajo de su almohada. Nieves, con la intención de joderle al menos una última una noche, le regaló su diario. Allí era Nieves tal cual, sin etiquetas. Para Job todo eran mentiras.

Aunque sabía que Job no haría ni puto caso, su carta de despedida era una muestra de compasión por ese marido suyo al que dejaba atrás.

Por tu fantasía de pensar que sabias siempre como yo era y sentía tienes ante ti mi realidad. Has tenido dos mujeres ALTAS en tu vida y no te has dado cuenta. Te regalo una cita del libro "El guerreo pacífico", quizá te ayude a reflexionar para mejorar tu existencia:

- "La muerte no es triste, lo triste es que la gente no sepa vivir. Cuando por fin logres vivir el presente, te sorprenderás de todo lo que puedes hacer y lo bien que lo haces".

Y Job no entendió nada.

Y siguió barriendo el jardín de Inés cada día.

Y siguió viviendo muerto en vida.

Esa siguió siendo su zona confortable:

Ser feliz sin hacer nada. Menudo desperdicio de vida.

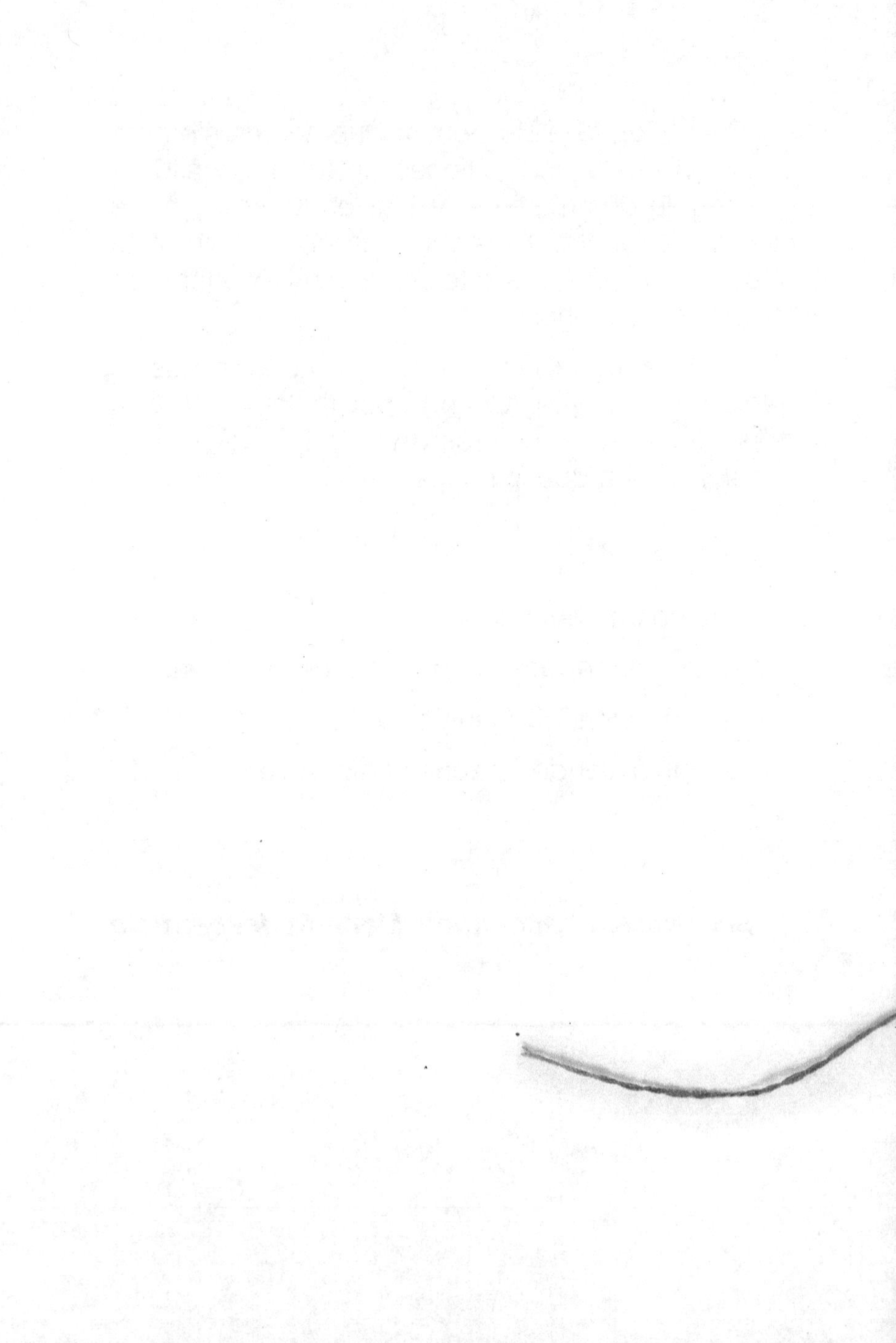

«*Es curioso que la vida, cuanto más vacía, más pesa.*»

-León Daudí-

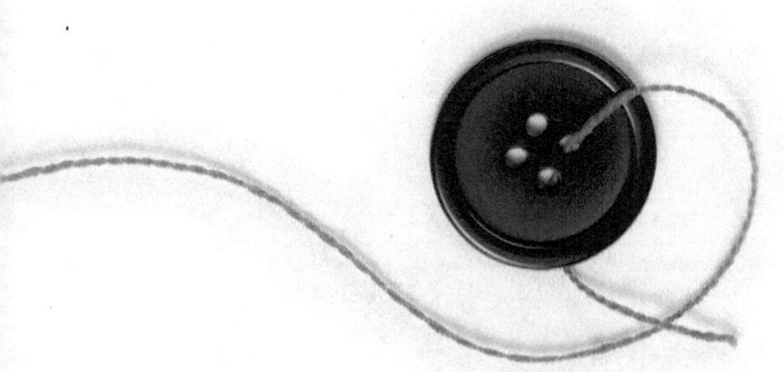

Sergio y Sol – Los Vacios

Cada mañana se enfrentaba al mismo dilema, levantarse o contemplar desde la cama el círculo rojizo emergiendo del mar Mediterráneo. Desde la cama el día que dormía en cama, normalmente pasaba las noches en la playa, lleno de arena y mucho más lleno de frio.

Sergio siempre fue un niño conflictivo al igual de su hermana Sol. Acabó el colegio con muy malas notas en lo que antes era el 8º de EGB y sus profesores le aprobaron el último curso para quitárselo de encima.

Con catorce años dejó el Instituto de secundaria del pueblo gironés de Torrevella asqueado de la vida y dejando asqueados a todos los profesores que tuvieron la desgracia de tenerle en sus aulas.

Nunca quiso seguir estudiando y entre los quince y los dieciocho años los pasó en malas compañías con los pequeños delincuentes del pueblo que siempre sacan la cabeza de casa cuando nadie les ve.

Se levantaba sobre mediodía al son de los chillidos de su madre a la que odiaba. Aquella mujer de pelo negro totalmente rizado le llamaba la atención por todo y le instaba a ponerse las pilas de la vida para no llegar a ser un desgraciado.

A esas horas del mediodía se levantaba para devorar una caja entera de leche con chocolate en polvo y medio bote de cereales, hambre no le faltaba.

Normalmente se alzaba de la cama vestido como

el día anterior pero sucio indecente, a veces con vómitos, tal era su afición a los porros y a las cervezas, aquel era el mejor trabajo que encontraba cada día.

Su madre se esforzaba en darle consejos que, ni eran adecuados, ni eran consejos, más bien un rosario de reproches a todo lo que hacía.

- ¡Tienes que levantarte antes! No puede ser que no hagas nada, deberías ir al instituto y estudiar algo de provecho.

- Sí mamá….

- En serio, Sergio, mira tus amigos.

- No eran mis amigos, eran pelmazos tontos del cole.

- Y ¿con quién sales ahora? Con indeseables…

- Con mis colegas.

- Va, dúchate y ven a ayudarme. Hazme caso…

Es por tu bien.

¡No! ¡Ya lo ha vuelto a decir!, la odio, pensaba en voz baja. Y al acabar el desayuno se largaba hasta las tantas de la noche.

Antes de salir pasaba sigilosamente por el bolso de mamá para recoger su ración diaria de monedas, así se notaba menos que robaba, aunque muchas veces caía en la tentación de llevarse los billetes. Se conocía todos los escondites de su madre y le *"limpiaba"* la billetera sin ningún escrúpulo, para algo tenían que servir las putas madres.

Y de nuevo al bar y a la playa, al colocón y al vómito.

Menudo vacio.

Pero aquella mañana fue muy diferente. Un par de Mossos d'Escuadra – nombre raro que tiene la policía en Catalunya – le fueron a buscar a las ocho de la mañana. Llegaron a detenerlo por robar en la pequeña tienda de comestibles de toda la vida.

Puede que la tienda y su dueño fueran viejos pero la tecnología era joven y la cámara de seguridad escondida en una rejilla les había captado en pleno ratería.

Elisenda, la madre, negaba los hechos. Su hijo era un poco rebelde pero no un ladrón. Sin embargo las imágenes no mienten y al mostrarle el vídeo de la intrusión se tuvo que rendir a la evidencia.

Le llevaron a comisaría y le ficharon dejándole en libertad al cargo de su madre ya que era menor de edad, pero con la advertencia de un posible ingreso en la Unidad Tutelar de menores si reincidía.

Elisenda había ido perdiendo sus trabajos estables debido a los boicots de sus subordinados, el último en el Instituto de Secundaria del pueblo donde aguantó unos cinco años esforzándose al máximo intentando que todos se sintieran bien, pero nunca lo consiguió.

A la gente no le gusta el tono paternalista ni las ordenes injustas aunque se las den con sonrisas y le hicieron caer en una trampa cuando se fue unos pocos días de vacaciones.

En ese tiempo, Sergio ya era un tirano energúmeno que seguía sin trabajar y robando a su madre. También robando a todos los incautos que perdían de vista sus carteras y sus móviles por tres segundos, pero era tan torpe que lo robado lo iba a vender al Paki del pueblo, el cual, a ver tantos teléfonos "*de mi madre*" llamó a la policía para no encontrarse en un fregado.

Teniendo en cuenta que los años iban pasando, Sergio se había convertido en un haragán y un ladrón de poca monta que acumulaba ya diecinueve años y cinco denuncias. Ya no era un menor y su madre no podía ayudarle, la ley le consideraba responsable de sus actos al cien por cien y a raíz de una denuncia se tuvo que enfrentar a un juicio.

Como el denunciante era de buena pasta acabó aceptando retirar la acusación si le pagaban lo que le había robado y pudo volver a casa después que su madre abonara la cantidad establecida, el abogado y la multa que le impuso el juez.

Sergio no aprendió nada de todo esto.

A los dos días la policía volvió a buscarle, le había denunciado el vigilante de una urbanización cuando le vio marcharse corriendo con una segadora en mano.

Elisenda les dijo que no estaba en casa sin embargo en ese momento llegaba con sus amigos en una furgoneta cargada de herramientas y, cómo no, la segadora. Pillados "in fraganti".

De nuevo en espera de juicio su madre le dio un ultimátum, le dijo que tenía que ponerse a trabajar. A ella la habían echado del trabajo de subdirectora del Instituto de Secundaria del pueblo - el empleo que mantenía a toda la familia - por culpa de unos desagradecidos empleados que no entendían que todo lo que les mandaba hacer era precisamente *por su bien*. Le habían colado una trampa indecente para quitársela de encima, con todo lo que ella había hecho por ellos.

Pero ahora dependía del paro y del dinero que le dieron con el finiquito, no era mucho, y ese hijo suyo seguía vaciando su cartera cada día menos llena.

- Tienes que ponerte a trabajar, si sigues así serás carne de cañón el resto de tus días, hazme caso Sergio, lo que te digo *"es por tu bien"*.

- ¡¡¡¡Ahhhh!!!! ¡Lo has vuelto a decir! Estoy harto de tus buenas intenciones, solo hablas, jamás me has escuchado.

- ¿Cómo dices? ¿siempre he querido lo mejor para ti! Y para todos vosotros, papá, Sol, y toda la gente que conozco.

- Ya... pero no haces nada para ayudarnos, solamente darnos sermones, nada coherente. ¿crees que soy tonto? He leído mucho más que tu. Sé que mi vida es un desastre, sé más cosas que tú, nunca te has dado cuenta que tu vida es mucho peor, te limitas a decirnos a todos que eres la buena y nosotros los malos.

- ¡Si no fuera por mí no tendríais nada, soy la única que trabaja en esta casa!

- Lo bueno de que trabajes es que podemos perderte de vista.

- Muy bien. Que hacemos ahora, cuéntamelo tú.

- Lo mejor que puedes hacer ahora y siempre es dejarme en paz.

Y salió de la casa con un portazo.

Sergio no volvió a casa. Bien, en realidad si volvía a casa todas las noches para dormir en el coche de su madre. Se colaba allí cuando se apagaban las luces y se despertaba al alba momento en que se volvía a marchar.

Estaba sucio y hambriento. Su ropa olía a cerveza y vómito, también a marihuana y su piel tenía espacios rosados y morroñosos llenos de mugre.

Aquella mañana el alba no le despertó y Elisenda le pilló durmiendo en el asiento trasero del Golf.

- ¿Qué haces aquí? ¡Levanta!

- ¡Suéltame!

- Que te levantes digo, necesito el coche, tengo una entrevista de trabajo. Soy la única que quiere trabajar en esta casa. Tu padre está durmiendo la mona, vaya par de vagos.

- Voy a entrar en casa, necesito ducharme y comer algo.

- De eso nada, vago. Todo lo hice por ti pero se acabó.

- Ya estamos otra vez. Voy a entrar, a comer y a ducharme, tengo un nuevo juicio esta tarde.

- ¿Por qué no me lo has dicho?

- Estoy harto de tus sermones. Me las arreglaré solo pero antes debo ir presentable, no soy tan imbécil, si el juez me ve hecho un asco será peor.

- Te acompañaré, será mejor para ti si te ve con tu madre.

- …. No te aguanto más….

Elisenda no sabía aconsejar, ni ayudar, solo se le daba bien sermonear, pero una cosa sí era cierta: seguía queriendo a sus hijos.

Pasó de su entrevista de trabajo y fue a ver a su amiga Joana, una abogada a la que hacía tiempo había dejado de llamar.

Para sorpresa de todos Joanna la atendió encantada. Elisenda le contó todo lo ocurrido y le pidió ayuda. Por primera vez en su vida se dejó aconsejar en lugar de ser ella quien diera consejos, se convenció a sí misma que era por su propio bien.

- Elisenda, esto pinta mal, iremos juntas al juzgado y procuraremos un aplazamiento para organizar la defensa pero tiene poca solución.

- Por favor, Joanna, lo que haga falta, estoy sola y …

Todo es vacio en mi vida.

Joanna consiguió un aplazamiento de quince días durante los cuales tuvo a Sergio en casa con la condición que no siguiera con esa vida de estupidez cervecera y porrera, tenía que levantarse a una hora "normal" y, al menos, arreglar su habitación y el jardín de casa, así se lo hizo entender su abogada si no quería pasar algunos años en prisión. A Joanna le hizo caso.

A su vez le dijo a Elisenda que hablara lo mínimo con su hijo, él no la aceptaba en su vida y lo mejor era dejarle en paz y confiar en su palabra. Joanna conocía bien a Elisenda, le pidió distancia con Sergio porque *"era lo mejor para el"*. Naturalmente bajo este argumento Elisenda hizo caso y todo salió casi bien.

Salió todo bien menos El Vacio que rodeaba su vida.

Cuando habían pasado dos semanas se presentaron de nuevo ante el Juez. Joanna les hizo esperar fuera pues tenía una oferta que hacer y esperaba que el juez aceptara.

El juez aceptó.

Sergio debía hacer Servicios Comunitarios durante un año. También rehabilitarse en una institución adecuada donde tendría atención médica y psiquiátrica.

A su vez ejercería los trabajos para los que fuera requerido a cambio de un sueldo poco abundante pero con el que tendría opción a comprar sus necesidades básicas sin robar.

Joanna salió del despacho del juez consiguiendo el acuerdo pero era Sergio quien lo tenía que aceptar. Cuando les explicó lo que había que hacer Elisenda empezó a hablar:

- No puede estar recluido, tampoco es un asesino y además….

- ¡Cállate! dijo Sergio. Acepto todo Joana, con una condición: no quiero ver a mi madre en un año.

- Eso no podrá ser, vendrás a casa y yo cuidaré de ti, por tu bien.

- En un año Joanna. Sé que me quiere pero si ha de ser todo por mi bien necesito no verla en un año, díselo al juez.

Todo resuelto.

Sergio se hizo una pequeña maleta con ropa que había lavado y planchado y unas cuantas cosas de aseo personal que compró con su último paseo por el monedero de su madre. A los dos días salió de casa con un "*nos vemos en un año*".

Elisenda calló aleccionada por Joanna, solamente le deseó suerte en su nueva etapa y…

Elisenda se quedó en el más absoluto vacio.

Antes de salir de casa Sergio llamó a Londres para hablar con su hermana Sol a la que hacía ya más de seis meses que no veía. Sol se puso al teléfono llorando:

- Hola tete, estoy fatal….

- Pues anda que yo….., ahora me recluyen en una institución para que pueda desintoxicarme. Lo mejor de esto es que no veré a mamá en un año, por fin me dejará en paz de una puta vez, tanta mierda con su "*por tu bien*". Sigue igual, Soli, no vuelvas.

- Tendré que hacerlo tete, tengo un problema, me he quedado preñada.

- ¡Wala! ¿Seré tío? Menudo palo…

- Ya veremos…., Cedric dice que no quiere niños….

- Pues estas jodida Soli, ¿Qué harás?

- Tengo que hablar con mamá.

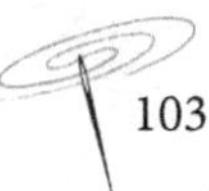

- Pues está muy cabreada conmigo, espera un par de días a que yo me vaya y ella se calme.

- Ok, off course, dos días puedo esperar.

- Necesitas algo?

- No…. Bueno…. Me siento tan vacía….

- No te desanimes. Kisses Soli.

- Bye bye.

Era domingo y Elisenda estaba en casa haciendo limpieza, pero de esa de verdad. Se había dado cuento que tenía cantidades industriales de cosas que no utilizaba y le ocupaban el noventa por ciento del espacio de cada habitación de su casa. Al estar sin trabajo tendría tiempo para poner orden.

Sentada en la cama de Sergio empezó a llorar pensando que todo había ido de mal en peor desde hacía años por la mala cabeza de su hijo, aunque ella no tenía que sentirse culpable de nada porque había hecho todo lo posible por ayudarle, para que todo fuera bien.

Sin embargo Sergio nunca quiso escucharle, por eso ahora estaba recluido en una institución por orden de un juez desaprensivo que no entendía que lo mejor para su hijo era estar con ella.

Se puso varias bolsas grandes de basura en el pasillo y las iba llenando: para Cáritas, para su hermana, para las monjas, para el vertedero, para tirar….

Como más cosas tiraba más vacía se sentía.

Justo en ese momento le llegó un libro por casualidad. Ya sabemos que las casualidades no existen pero ella aún no lo sabía. Vida y obras de Teresa de Calcuta. Lo abrió al azar y... ¡Oh! Por Dios....

"Teresa buscaba a Jesús con todas sus fuerzas. ¿Sería que había hecho algo mal? Teresa no percibe el amor de Jesús, no ve nada".

Finalmente escribe: "Hay una oscuridad tan terrible dentro de mí, como si todo estuviera muerto. Mi corazón está vacío, lleno de oscuridad y soledad, en continuo dolor, estoy sola, abandonada".

"El dolor de no ser querida, el vacío que me rodea por todas partes....".

Teresa de Calcuta

Elisenda se percató que en el mundo hay mucha gente que siente lo mismo que ella y pensó por primera vez que quizá no todo había sido culpa de su hijo, que quizá ella también tenía parte de culpa en todo lo ocurrido.

La madre Teresa de Calcuta, todo un premio Nobel ¿se sentía igual que ella? ¡Pero ella todo lo hacía por el bien de los demás! ¿Y si los demás necesitaran cosas diferentes?

Por primera vez pensó que quizá, solo quizá, se había equivocado.

El caso de Sol era distinto. Nació en agosto en pleno y tórrido verano cuando aún faltaban seis semanas para que se cumpliera el embarazo.

Cuando asomó la cabeza no se lo podían creer, era rubia y blanca como la nieve. ¡Pero si todos en la familia eran morenos de pelo rizado! Pues al parecer no…

- Mi abuela me dijo que mi bisabuela era alemana, tengo alguna foto por casa, decía Elisenda a todos los que se sorprendían al ver a la niña.

Y casi todos quedaban convencidos por la explicación. Y digo casi todos porque el marido de Elisenda nunca lo creyó.

Normalmente hacía caso omiso de sus lloros y de las peticiones de ayuda de Elisenda con su hijita bebé, prefería llevarse a Sergio, el niño sí era suyo.

Los niños fueron creciendo y eran la admiración de la gente, uno tan moreno, la otra tan rubia con ojos casi transparentes. Muchos murmuraban pero Elisenda nunca faltó a su marido, ni una sola vez, Sol era tan hija suya como Sergio, aunque muchos no lo creyeran.

Como suele ocurrir, cada uno tomó caminos y amigos diferentes en la adolescencia. Sergio ya sabéis, y a Sol le dio por estudiar. Aunque sus vidas eran muy diferentes siempre se entendían a la perfección, eran uña y carne.

Cuando Sol se marchó a estudiar a Londres el padre se quedó tranquilo y Sergio solo. A esa niña rubia, que realmente era hija suya, nunca la aceptó; y al marcharse pensó que ya era hora que todos le dejaran en paz.

Ensimismada en estos pensamientos un timbrazo del teléfono la devolvió a la realidad.

- Hi mother, its Sol.

- Sol, hija, tenía ganas de hablar contigo, estoy muy triste, ¿sabes que ha pasado?

- Si, mamá, lo sé, hablé con Sergio anteayer antes que entrara en la residencia.

- ¿Sí? No me lo dijo, como siempre yo no me entero de nada, no sé porque me preocupo tanto por vosotros….

- No empieces mamá.

- Bueno, a ver, ¿Qué me cuentas? Espero que los estudios te vayan bien, con el sacrificio que hago para pagar todo….., pero es lo mejor para ti.

- Mamá….., para ya. Tengo que contarte algo. Estoy embarazada.

- ¿Cómo? Y ¿Cómo se lo ha tomado Cedric? Está contento supongo, ya lleváis casi un año de relación y….

- Dice que el niño no es suyo. Dice que siempre tuvo cuidado y que yo le engañé con otro. Y que si no le engañé con otro le engañé a él, que suyo no es.

- Pero Sol ¿es suyo? O ¿le has engañado?

- ¡Qué bonito mamá! Creí que precisamente tú que tienes una hija casi albina me comprenderías, ¡claro que es suyo! Pero no lo quiere.

- Pues no sé qué decirte hija, tendrás que convencerle, será lo mejor para ti.

- Ya empezamos….., lo de siempre….

- ¿Y qué quieres que diga?

- ¿Qué diría una madre de verdad? Me felicitaría, me ayudaría, vendría a verme…..

- Quizá no sea bueno para ti que venga a verte, ya sabes que a Cedric no le caigo muy bien.

- Y no me extraña nada. Adiós.

Pasaron los meses y Sol iba engordando. Nunca volvió a llamar a su madre y no se ponía al teléfono si ella le llamaba. Con Cedric cada día iba todo a peor.

Cedric era hijo de un miembro del Parlamento inglés. Su madre murió de parto y su padre le crió con la ayuda de una Nurse francesa que contrató la cual, como era mayorcita, le trató como si fuera su abuela, es decir, se lo consentía todo.

Como el padre de Cedric casi siempre estaba en la Cámara de los Comunes en el Parlamento, y como le culpaba en silencio de la muerte de su esposa, no le hizo nunca demasiado caso y en su mayoría de edad le regaló una de esas típicas casitas de Notting Hill - famosas por la película de Julia Roberts – y le adjudicó una pensión mensual cuantiosa que provenía de la herencia de su madre.

Su padre le quería a su manera pero nunca superó que su esposa muriera por traerle al mundo, de esta manera lo perdió de vista.

Cedric era inteligente y guapo y se sacaba el quinto de Abogacía sin demasiado esfuerzo. Y no tenía ningún problema en la vida.

No le faltaba dinero, era atlético y saludable, guapo y rico, ¿Qué más se puede desear? Cuando conoció a Sol, también guapa y saludable, pensó que vivir con ella sería lo mejor. Sin casarse, claro.

Cedric no la quería a rabiar pero Sol le facilitaba las cosas. Las chicas gordas y feas le dejaban en paz y las mediocres también porque ya tenía novia. Las guapas y ricas no tenían necesidad de perseguirle pero si se daban las circunstancias adecuadas se dejaba caer por su casa para beneficio de los dos. Como se suele decir: mejor imposible.

Pero aquel jueves todo cambió. Cuando Sol llegó a casa le hizo portador de la peor noticia que le podían dar: iba a ser padre.

Te cuento que Cedric se comportó en ese momento como un auténtico Lord inglés: impasible y flemático.

Cuando Sol llamó a su madre para darle la noticia se encontró con la única persona que creía que la comprendería también en su contra, ¡ella era rubia! nadie de la familia lo era, había pasado por lo mismo, su madre la tenía que comprender, pero no fue así.

Sol se quedó en el mayor vacio de su vida.

Pasaron los meses y Sol se vio de repente con un charco de agua a sus pies, había roto aguas.

Como estaba sola en casa llamó una ambulancia y la llevaron al hospital. Tuvo un niño rubio como ella y delgaducho como su padre que al verle reaccionó en contra, no lo quiso aceptar y se marchó.

Sol llamó a su madre para darle la noticia, eran abuelos.

Elisenda y su marido se subieron a un avión para ir a conocer a su nieto pero al llegar allí Sol les tenía preparada la maleta y la cunita del niño, les dijo que se llevaran a su nieto a España y que le cuidaran hasta que ella volviera, quería acabar los estudios y Cedric no quería saber nada del bebé. Cedric dijo que los rubios no serían nunca bienvenidos a su casa.

La madre de Sol la miró y se negó:

- Has sido madre, con la vida que llevas sabías que podría pasar. El niño es tu responsabilidad como la mía fue aceptarte a ti en contra de tu padre aun cuando se negaba a reconocerte siendo hija suya. Lo siento hija, decide tu, nosotros nos volvemos a casa.

Pero Sol no supo procesar esa información y dio a su hijo en adopción esa misma mañana. Nunca le volvió a ver.

Cuando salió del hospital volvió con Cedric que la esperaba con las maletas en el jardín y le pidió que se marchara, su padre era miembro del Parlamento y ella no tenía residencia en Inglaterra.

- Mejor te vas sin crear problemas o te verás fuera de mi país. Aquí tienes un sobre con dinero para que busques vivienda. No vuelvas nunca a molestarme.

Sol se quedó vacía: sin amor, sin bebé, sin familia.

Como tenía algo de dinero se fue a compartir piso con unas amigas y se pasaba el día encerrada en su habitación. De vez en cuando llamaba a su hermano Sergio que seguía en rehabilitación. Hablaban y se consolaban mutuamente.

Gracias a Sergio, Sol empezó a asistir de nuevo a la universidad y acabó el curso con aprobados justitos justitos pero suficiente para pasar de curso, le quedaba solamente uno para acabar la carrera.

Sol empezó también a trabajar en un café muy famoso de la ciudad y, entre turno y turno estudiaba.

A su vez, Elisenda había ya vaciado toda la grandísima cantidad de cosas que se habían acumulado en aquella casa y - después de unos días que pasó fuera por una avería de su coche - pareció como si la niebla se disipara poco a poco. Elisenda nunca se olvidó de sus hijos pero llegó a la conclusión que tenía que poner distancia de por medio, era lo mejor para ellos.

Sentada en el porche de su casa tenía de nuevo el libro de Teresa de Calcuta en las manos cuando decidió mandar a Sergio y Sol una carta. En ella les decía que les quería mucho pero se había dado cuenta que no era suficiente con querer.

Un ángel que llegó a su vida cuando sufrió aquella avería en el coche le hizo entender que existían las Leyes de Newton:

"Cuando un objeto ejerce una fuerza sobre otro, éste ejerce una fuerza de la misma magnitud pero en sentido opuesto"

- Así es de cierto. Por eso vosotros me habéis rechazado y yo me he opuesto a vuestro rechazo. Ha sido un toma y daca que se ha ido haciendo cada vez más y más grande sin darnos cuenta. Ahora lo veo con otros ojos. Si queréis, aquí me tenéis para todo lo que pueda ayudaros, pero a vuestra manera, con vuestras necesidades i no con las mías. Lo he aprendido del libro que Sergio tenía en su habitación. Dice así:

"Pero hay otras personas que están solas que viven, brillan y se entregan de la mejor manera. Personas que no se apagan, al contrario, cada día se encienden más y más. Personas que aprenden a disfrutar de la soledad porque les ayuda a acercarse a sí mismas, a crecer y a fortalecer su interior".

Teresa de Calcuta

Todos nosotros pasamos por una que otra etapa de vacío. A veces nos preguntamos por qué nos sentimos solos estando acompañados, o porque odiamos los domingos.

Otras no sabemos qué nos falta o no sabemos porque no encajamos donde estamos. O bien creemos que fallamos, que nos aburrimos, que la tristeza nos invade.

Todo lo anterior son síntomas de un estado emocional de vacío que podemos llenar a base de compras compulsivas, comer en exceso o ir de viaje. De nada sirve todo esto, solo son parches que nos alivian momentáneamente. Debemos quedarnos a solas con nosotros mismos y identificar el por qué. **Identifica tu vacio para sanar tu vida.**

*No busqué, en ese amor,
nada más que el amor carnal,
violento y nuevo que me
procuraba. "Los recuerdos de
un pobre diablo"*

Octave Mirabeau

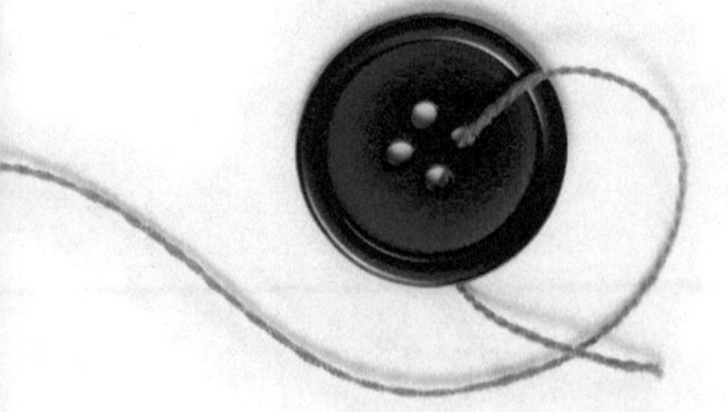

Omar – La Adicción Al Sexo

Saray entraba en la sala vestida de blanco y con un ramo de flores en la mano, era el temido día de su boda con Omar. Tenía tan solo 17 años.

Hija de un anciano agricultor, su familia había concertado la boda con el mayor de los hijos de un comerciante en Casablanca con el fin de recibir la dote.

La boda se combino debido a los cambios producidos en la economía marroquí que avocaron a un abandono masivo de los campos hacía las grandes ciudades y el padre de Saray ya no podía trabajar ni mantener a su familia.

Omar, a su vez, era el mayor de siete hermanos y por tanto el heredero de su padre. Cuando vio de lejos a la que decidió que sería su esposa no dudó en ofrecer una buena cantidad de dinero para pedir su mano. El anciano, que ya tenía sus ojos semicerrados por el velo de las cataratas, aceptó.

Como sabéis, los ancianos son bien considerados debido a su escasa presencia en los hogares, donde son *"el cabeza de familia"* a quien obedecer. Y Saray, de belleza y dignidad singular, obedeció a su padre por el bien de la familia.

Omar era un déspota. Al ser el mayor de sus hermanos les mandaba en todo y a todas horas con tal de no tener que trabajar y ellos acataban sus ordenes sin rechistar. Lo mismo tenía pensado hacer con su esposa.

Este hombre de carácter adusto y antisociable sólo tenía una idea en la cabeza: el sexo.

Para él era el escape a su estado constante de estrés que le provocaba su progenitor, que exigía que las ventas fueran abundantes incluso en épocas de escasez.

Esa conducta sexual se incrementaba día a día y acabó controlando todos los aspectos de su vida. Y Saray era quien más sufría las consecuencias. No había noche que la dejara dormir tres horas seguidas, Omar pedía sexo de todo tipo una vez, y otra y otra. Cada noche de cada día.

Ese impulso le llevaba a todo tipo de excesos y, cuando Saray se quedó embarazada no pudo seguir exigiendo las conductas compulsivas y extremas que solían calmarle. Sabía que un hijo era importante pues representaba la continuidad de la familia, así que decidió "*externalizar*" sus deseos al margen del matrimonio. Omar era adicto al sexo pero no tonto, no podía poner en peligro la llegada de un bebé que tenía que ser, por supuesto, un varón.

Fátima nació a los ocho meses del anunciado embarazo por causa de su padre. Ese marido no pudo controlarse al entrar en la habitación mientras Saray se vestía. Estaba desnuda enseñando sus pechos generosos y tersos intentando anudarse el hiyab, el pañuelo utilizado por las mujeres musulmanas que deben cubrirse la cabeza como símbolo de modestia. Esa desnudez de brazos en alto llamaron tanto la lívido de su hosco marido que no pudo vencer la tentación de penetrarla de la manera más brusca como a él tanto le gustaba, de pie contra la pared agarrando sus manos sobre la cabeza.

Saray se retorció de dolor cuando él se retiró y cayó al suelo agarrando su barriga. En el suelo, un charco de agua rojiza cubría el Hiyab caído.

Omar llamó a dos hermanos casados para pedir la ayuda a sus mujeres que llegaron enseguida. En tan solo tres horas Fátima lloraba en brazos de su madre. Aunque realmente era Saray quien lloraba agarrando con fuerza y suavidad a su bebé que podría haber muerto aplastada por los empujones de su padre.

Cuando Omar vio a la niña se enfureció tanto que echó a todos de casa y amenazó a Saray con matarla si el próximo bebé no era un varón. Chillando como loco salió dando un portazo que movió los muros de la casa y no apareció en tres días, en que, sucio y borracho, obligó a Saray a abrirse de piernas, aún con hemorragias.

Ella obedeció. Era lo que se espera de una esposa cuando el marido es un energúmeno que no quiere enterarse que hemos entrado en el siglo veintiuno.

Le preparó cena y ropas limpias y le secó la frente de sudores alcohólicos como una madre amante. Aunque en realidad le odiaba, se habría odiado más a sí misma si no cumpliera con su obligación. Tenía nombre de princesa y dignidad de princesa, ella haría lo que se esperaba de ella. Siempre.

A los dos años nació su segundo hijo, Idris, un varón esta vez aunque delgadito y pequeño que a su padre tampoco le gustó.

Con suerte y los cuidados protectores de Saray el niño fue creciendo cada vez más saludable. Adoraba a su padre pero este, que ya había perdido el norte con tanta masturbación compulsiva, no veía ninguna gracia en el. Tampoco le parecía un buen heredero para la empresa familiar.

Y hablando de la empresa familiar, se fue al traste por la falta de atención de Omar ya que se pasaba los días frecuentando prostíbulos y recayendo en enfermedades venéreas de todo tipo.

Cuando ya las autoridades económicas le acosaron demasiado decidió dejar aquella ruina en manos de sus hermanos y se fue con Saray, Idris y Fátina a Espanya. Compró billetes de barco y se hizo hueco en casa de unos tíos que ya vivian en Girona hacía más de veinte años.

Su tío, jardinero, le dio trabajo y le proporcionó contrato y seguridad social para que pudiera acogerse a la residencia en este país y así lo hizo. Con un buen sueldo y certificado de residencia pudo comprar un piso para su familia.

Lejos de todas las tentaciones de Casablanca, Omar empezó a comportarse mejor. Aquí no había las facilidades agresivas sexuales de su ciudad natal y además se exponía a denuncias por malos tratos y violación, así que sus escarceos eran menos evidentes, más subterráneos..... Aunque siguieron siendo los mismos con Saray, ella era su esposa, debía obedecer.

No estaba en los planes de esa pareja convulsa tener más hijos pero un día de embriaguez Omar se enfureció y agredió a Saray en varias ocasiones la misma noche. De esa "*terrible fiesta nocturna*" quedó embarazada de nuevo.

Al tener acceso gratuito a la atención médica, Saray fue a la ginecóloga. Esta le advirtió de un posible aborto si no permanecía en reposo absoluto y aquello comportaba cero sexo. Nada de nada. Si su marido la agredía el hospital lo pondría en manos de la asistenta social.

Saray le contó a su marido la recomendación de la médica. Ya estaba más que harta de los abusos y en España estaba más protegida por la ley:

- Omar, no puedes acercarte a mí hasta que tenga al niño.

- ¡Eres mi esposa! te debes a mí, haré lo que quiera contigo.

- Dice mi doctora que puedo tener un aborto, incluso mi vida puede estar en peligro, tengo que hacer reposo.

- Tu doctora no sabe nada y no me conoce, yo tengo necesidades y tú te debes a mí.

- Omar, aquí todo es distinto. Yo no haré nada pero la asistenta social y mi doctora te pueden denunciar, esto no es Marruecos. Pueden deportarnos.

- A la mierda esas dos putas. Ven a la cama.

- No lo haré. Ya no lo haré. Seré una buena esposa pero no dejaré que sigas maltratándome, aquí pueden ayudarme.

Por primera vez en su matrimonio, Omar quedó solo en la habitación con miedo a lo que pudiera pasar.

Por primera vez en su matrimonio, Saray ejerció de princesa mora, no más vejaciones.

Ese fue un punto y aparte en la relación. Omar no se atrevía a disgustar a su mujer que había tomado las riendas de la relación.

Él le daba el dinero que ganaba con su tío para que pudiera mantener a la familia y pagar los gastos aunque se quedaba con suficiente dinero para ir por ahí, a buscar sexo blando o duro, mejor duro si podía ser.

No podía ser un energúmeno pero descubrió que tenía una ventaja: las mujeres podían ir con él cuando les apetecía, aquí las mujeres mandaban sobre sí mismas y no tenía necesidad de bravuconerías.

También tenía la esperanza de tener por fin ese hijo varón que tanto había ansiado y esperó al parto, quizá Alá le bendeciría con su heredero ansiado.

Pero no fue así. Leila era una niña rolliza y morena como su madre. De ojos grandes negros y mirada de princesa nada más nacer.

Omar, que había estado esperando a su querido heredero, acabó de nuevo en la acalle durante tres días borracho y sucio pero tuvo la suerte de encontrarse con Paula, una portorriqueña escultural de veinte años más o menos que le encontró semidormido en el bar donde trabajaba.

Paula le dejó dormir la mona y al cerra el bar se lo llevó a casa. Omar ya entraba en la cincuentena pero seguía conservando un cariz moro que le resultó atractivo.

A la mañana siguiente lo primero que hicieron al despertar fue enrollarse en un amor pasional que dejó contentos y exhaustos a los dos.

Tres días duró ese amor desenfrenado.

Paula era caribeña y su cuerpo amaba al son de la salsa, Omar creía haber encontrado por fin su pareja perfecta. No tenía a su heredero pero tenía una mujer joven y apasionada como creía que se mercería.

A su vez Paula creyó que había encontrado un amante a "su altura" que le ayudaría a pagar el apartamento y le llenaría de regalos gracias a sus mágicas manos y su boca sensual.

Contento con su suerte, Omar repudió a Saray señalando a su esposa como una mujer que no accedía a sus necesidades y mintiendo a diestro y siniestro.

- ¿Cómo puede ser posible que una esposa que no atiende a su marido como es debido se quede embarazada?

- Yo siempre he cumplido, le dijo Saray al tío que les acogió, es Omar el adúltero.

- Él dice lo contrario, ha pedido el divorcio.

- Pues me divorciaré. Pero con la cabeza muy alta, todos le han visto con la caribeña de pantalones estrechos.

Se divorciaron fácilmente de mutuo acuerdo. Omar no podía entender que su mujer le hubiera mandado a un abogado de oficio aconsejada por su ginecóloga que era más amiga que médica. Pactaron un régimen de visitas y una pensión, en España se hacía así y la mujer no estaba tan desprotegida.

Omar se fue a vivir con Paula. Y no entendía nada.

Aquella mujer de veinte años le exigía y le exigía sexo a todas horas. Era joven y fuerte y se mostraba como dominatrix.

Se vestía cada día de manera diferente pero siempre mandaba y sometía al hombre moreno y fuerte como si se tratara de un muñeco de trapo.

Al principio a Omar le parecía que le llevaban al mismísimo paraíso pero al pasar los meses empezó a sentirse mal. Paula pedía y exigía y Omar necesitó la ayuda de esas pastillitas azules que a todos los hombres les da vergüenza tomar si alguien les ve.

Paula era insaciable, como lo fue él en su juventud. Y se volvió más agresiva. La dulzura caribeña fue desapareciendo para dar paso a una Ama violenta con botas negras y látigo incluido.

Todo el dinero que ganaban se gastaba en chucherías sexuales para pasarlo bien y pocas veces Omar le pasaba la pensión a Saray. De todos modos ella se espabilaba bien, ¿cómo había podido dejar a esa princesa?

Omar iba siguiendo a su dominatrix como podía. Su mente le pedía más sexo cada día pero su cuerpo ya no estaba por la labor. De una pasó a dos y a tres de esas pastillas maravillosas que al final acabaron por provocarle un infarto.

Desde el hospital llamaron a Saray de madrugada para informarle que su exmarido había ingresado con un fallo cardíaco grave.

Su supuesta mujer, Paula, había contestado que no quería hacerse cargo de ese hombre, que no era su marido, solo su amante. Y que ahora ya no le serviría para tales fines. Omar pidió que llamaran a su princesa mora, ella le atendería.

Saray fue a cuidarle y se lo llevó a casa todavía convaleciente. Estuvo a su lado hasta que le dieron el alta.

- Saray, lo siento, suerte que ya estoy en casa.

- No, Omar, no estás en casa. Esta es ahora mí casa, no la tuya. Ya te han dado el alta, mañana debes marcharte.

Nada pudo hacer ante la dignidad y la entereza de Saray. Al levantarse aquel día se hizo la maleta y se marchó a casa del tío que le volvió a acoger

Saray no le miró al marcharse.

La adicción al sexo mezcla el placer con la ansiedad y deteriora todas las áreas de tu vida.

Me gustaría que mis fans tomaran meditación en lugar de drogas.

Ringo Starr

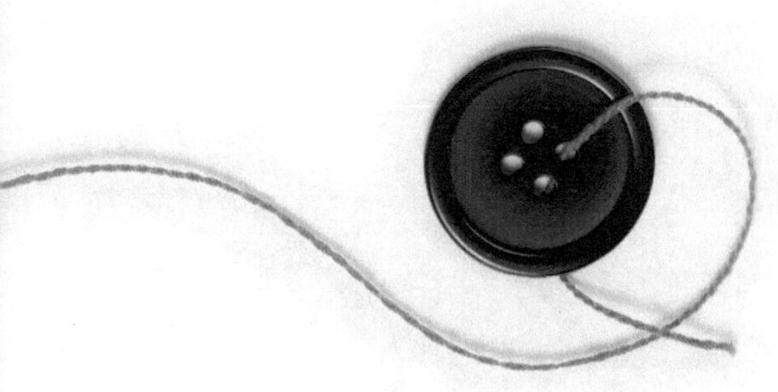

Kepa - La Cocaína

En aquel paisaje guardaba todos sus recuerdos de la infancia, solía pasarse por allí cuando la vida le pesaba demasiado y hoy era uno de esos días en que se regocijaba castigándose a si mismo pensando en Bibi.

Sentado en el banco del paseo marítimo contemplaba la puesta rojiza de sol igual que tantas y tantas veces había hecho con su hermana años atrás.

Kepa y Bibiana eran gemelos. Nacieron un día de otoño un mes antes de tiempo porque su madre ya no podía más, el embarazo había sido complicado y los médicos decidieron finalizar el tormento cuando creyeron que los niños sobrevivirían sin riesgos.

Bibiana nació un minuto antes que su hermano y al salir al mundo todos se alegraron al ver lo mucho que se parecía a su madre. De pelito ralo y rubio ya apuntaba a tener los ojos muy muy claros, sería una belleza.

Cuando empezó el parto de Kepa todos estaban expectantes. Pensaban que llegaría Beba, de Genoveva, otra minibelleza rubia, pero no fue así; en su lugar apareció un niño larguirucho moreno como un tizón, llorando a gritos ¡menuda sorpresa!

La familia que visitaba a la parturienta acudieron en tropel y se olvidaron de felicitarla, todos querían contemplar aquellas dos cunitas con dos bebes tan distintos como dos gotas, una de agua y otra de vino del más tinto.

Y así crecieron exactamente. Bibi con su pelito corto casi blanco y ojos de aguamarina y Kepa de ojos de carbón y pelo como la noche más oscura que no se dejaba tocar ni cortar por nadie. Parecían la Virgen María y El Negro zumbón.

Tan opuestos físicamente como eran no influyó para nada en el amor que se profesaban el uno al otro. ¡Unidos hasta la muerte! solían gritar en sus tropelías.

Si uno merecía un castigo el otro se sentaba a su lado hasta la liberación y jamás se pelearon, eran gemelos de campeonato, eran uno solo con dos cuerpos muy distintos.

Su padre tenía cuatro gasolineras, un negocio muy rentable que les hacía la vida de los más cómoda y no les faltaba de nada, necesitarlo o no.

Con lo mucho que llamaban la atención aquellos niños, un cazatalentos les echó el ojo.

Después de una ardua negociación con sus padres acabaron firmando un contrato televisivo para anunciar juguetes de una marca muy conocida y mamá les guardaba sus ganancias para la mayoría de edad.

Y así fue de los cuatro a los doce años en que ya eran demasiado mayores para las muñecas y los coches de juguete y les cancelaron el contrato.

Su vida transcurrió placentera entre colegios privados y veranos en Inglaterra y al acabar el bachillerato decidieron no seguir estudiando, querían montar una empresa de publicidad, tal era el gusanillo que les quedó de su paso por los platós de televisión.

Su padre se negó al principio pero fue incapaz

de aguantar los miles de "*por favor*" que le regalaban diariamente los ojos aguamarina y acabó cediendo.

Nunca tendréis una prueba más cabal del principio Universal de causa y efecto:

"Toda causa tiene un efecto y todo efecto tiene una causa; todo sucede de acuerdo a la ley, nada ocurre casualmente"

El Kybalion

Y en esa casa a cada "*Papi*" le seguía un cheque en blanco. Por supuesto se montó la empresa y empezaron a trabajar con gran éxito, sus padres no se lo podían creer.

Bibi era una fotógrafa excelente. Amateur, nunca había estudiado, pero su pasión por las cámaras le daba una sabiduría innata. Además tenía un don al tratar con los clientes y su mejor baza era esa mirada aguamarina que embelesaba a quien quisiera hablar con ella, hombres o mujeres.

Pero no solamente tenía esa cualidad, lo más atractivo de su carácter era esa forma de tratar a la gente como seres humanos y no como cuerpos irresistibles. Las y los modelos se ponían en sus manos sin pensarlo y seguían sus indicaciones sin rechistar.

Económicamente no tenían ningún tipo de problemas gracias a su papi que con un NO en la boca iba estampando su firma en los talonarios. Y a la gruesa cuenta corriente que habían generado en sus años de modelos televisivos.

Por su parte, Kepa tenía una motivación interior a prueba de bombas y cuando hacía acto de presencia las cabezas se parecían a los girasoles, todos en dirección a la luz que irradiaba esa negra melena ondulada que cubría sus hombros, unos hombros por cierto perfectamente musculados gracias a las dos horas de gimnasio matutino diario. Las mujeres suspiraban por una sonrisa de Cherokee como le llamaban en la intimidad.

Como gemelos perfectos en sus vidas lo eran también en su trabajo, no eran jefes sino líderes. Bibi era creación pura y Kepa llevaba la parte organizativa y administrativa de forma impecable, esa simbiosis no podía fallar y no falló, entre los dos creaban magia y pronto dejaron de necesitar los cheques de papá.

La noche que presentaron el desfile de moda, una nueva colección de la famosa modista Virginia May, arrasaron, ni Victoria Secrets podría superar la presentación espectacular de la que todo el país hablaba. Esa noche después de celebrar el éxito los dos hermanos salieron del Gran Teatro en dirección a su casa, poco imaginaban el broche final de aquella noche prodigiosa.

El Ford Mustang descapotable se deslizaba despacio por la serpiente de cemento dirigiéndose a la casa de la playa de la Costa Brava.

Una roca se había desprendido de la montaña, fue visto y no visto.

Aquella piedra del tamaño de un balón de futbol fue a parar justo sobre la cabeza de Bibi que dejó de existir sin darse cuenta. Su cabello rubio apareció rojo rubí y sus ojos aguamarina clamaban inertes al cielo que se la llevara.

Y allí acabó todo.

Desde entonces la vida de esa familia cambió por completo La empresa de publicidad no volvió a abrir las puertas, nunca, ni para vaciar muebles o archivos, el despacho quedó en el olvido.

Su madre empezó una crisis depresiva de la que no saldría jamás dejándose morir lentamente hasta abandonar. Su padre no volvió a las gasolineras y las dejó en manos de un encargado que vació las arcas del negocio en menos de seis meses.

Y Kepa, el Cherokee morenazo de cuerpo insolentemente perfecto se dedicó a vagar por el paseo marítimo mirando al horizonte esperando a que la diosa rubia volviera a su vida. Nunca ocurrió.

Pasado un tiempo el padre de Kepa le dijo a su hijo que no podían seguir viviendo sin hacer nada, tenían que vender las gasolineras, el enorme pisazo de Barcelona y la casa de la Costa Brava. O vendían o el banco se quedaría con todo debido a las deudas que pesaban sobre el negocio de carburantes cuando el encargado de confianza se fugó al Brasil con todo lo que pudo.

Y lo hicieron.

Después de cancelar las deudas les quedó un poco de dinero con el que compraron un pequeño apartamento en un pueblo de Girona, un pisito gris en un barrio gris de gente gris que no daban ni los buenos días si te cruzabas con ellos.

Su padre se tumbó en el sofá y allí se fue engordando hasta los 130 kilos. Comía y bebía, sobre todo bebía; dormitaba de día y dormía de noche. Generó una obesidad mórbida que le llevó al final de sus días sin darse cuenta.

Por su parte nuestro héroe tuvo que buscar un trabajo *"normal"* para sobrevivir. Lo encontró en el Gran Súper, de reponedor, lo más tirado, pero su cuerpo todavía musculado le ayudó a conseguir ese mal llamado empleo.

Kepa era entonces un zombi, nada le interesaba ni hacia caso a nadie que quisiera interesarse por él.

Aprendió rápido a utilizar carretillas y conservaba sus dotes de organización así que su jefe le llamó una tarde:

- Kepa, ampliamos un nuevo Gran Súper y tú te apañas de coña por el almacén, te vamos a mandar allí unos meses para que pongas a todos en su lugar, aquellos payasos no hacen nada bien. ¿Qué me dices?

- Que vale….

- Te pagaremos una habitación en la pensión del pueblo y un plus por desplazamiento.

- Pues vale…

Y de esta guisa empezó a trabajar en un anodino almacén para poder mantenerse, vegetaba en lugar de vivir.

Se dio cuenta un día que una mujer intentaba subir unas cajas al piso alto con la grúa de contenedores, miraba aquella máquina intentando descubrir qué hacer, parecía que contemplara una fórmula matemática y no una carretilla, así que se ofreció a ayudar.

- Puedo ayudarte si quieres, parece que has visto un fantasma.

- ¡Oh! Si, por favor, nunca aprendí a conducir y no tengo ni idea para que sirven estas palancas...

Al primer encuentro le siguieron varios más hasta que Cherokee la invitó a una cerveza al salir del trabajo.

A partir de ahí fueron tan inseparables que alquilaron un piso y Mª Luz, nuestra heroína de la que te hablé en el primer libro de la saga, se mudó con sus dos hijas y empezaron una vida juntos.

Con su nueva vida al lado de la belleza exótica Kepa se recuperó. Volvía a ser el gran jefe indio de los reponedores hasta que el encargado - que le gustaban los hombres más que un premio de la lotería - le promocionó al mostrador de Atención al Cliente.

Esa fue una gran jugada del encargado que logró disminuir un 30% de las quejas gracias a los encantos que veían las mujeres en ese empleado de cuerpazo escultural.

Pero también ese fue el detonante del crecimiento desmesurado del EGO de Kepa en todos los sentidos.

Al prosperar ya no pasaban dificultades económicas y le pidió a Mª Luz si quería darle una hija, era su mayor ilusión, seguro que sería una niña preciosa rubia como los rayos del sol con ojos aguamarina, sería la princesa de la casa.

Su mujer aceptó aún cuando su médico le desaconsejaba tal proeza, recordad que había superado un cáncer de tiroides y se acercaba a los cuarenta, pero ella era todo generosidad.

A los diez meses llegó al mundo una niña, si, tal y como decían las ecografías, pero era el vivo retrato de su padre, morena de ojos negros

Tuvieron dos hijos en lugar de uno. El primero fue una niña morena como su padre el cual irradió sonrisas pero no estaba del todo contento, quería que la niña fuese rubia. Y decidieron intentarlo de nuevo. Apareció un varón, también moreno como un clon de su papá que llegó a los trece meses de su hermana, para Mª Luz ya eran cuatro hijos.

Gracias a la nueva prosperidad y al agobio familiar de tanta prole, Kepa empezó a dejarse querer por las clientas que se acercaban rábidas a su mostrador con las excusas más insignificantes.

Primero sonrisas y piropos. Después agradecimientos por ser invitado, finalmente iba ya visitando camas ajenas con la facilidad de ponerte unos zapatos.

Con tanta vida social y a causa de que algunas de sus amantes eran solteras, Cherokee empezó a necesitar todo un mundo de complementos que le mantuvieran activo, sobre todo aquello parecido a los polvos talco pero menos inocuo:

La Cocaína.

Con los meses sus ojos estaban inyectados en sangre y sus encantos dejaron paso a la irritabilidad. Acabó despedido.

Y un ángel pasó por su vida.

Mª Luz le acogió dedicándose a él en cuerpo y alma como si de un quinto bebé se tratara.

Fue duro. Fue mucho más que duro.

Al principio se encerraba en la habitación para que los niños no le vieran en su decaída, aunque en realidad lo hacía para no ser molestado por esos diminutos seres humanos que necesitaban atención. ¡Él necesitaba toda la atención!

Poco a poco fue sintiéndose mejor y empezó a llevar a los chicos al colegio, su mujer trabajaba de noche y necesitaba descanso.

Se fue incorporando al mundo gracias al apoyo intensivo de su médico y a la psicoterapia motivacional, una mejora lenta pero efectiva.

Esa mañana de tormenta dejó a sus hijos en el cole y se guareció bajo el porche de la escuela junto a muchas otras personas a esperar que pasara la tormenta. Una madre se le acercó:

- Como llueve ¿no? ¿tienes coche?

- No, pero vivo cerca, no te preocupes…

- ¿Cuáles son tus hijos?

- Los que están jugando al balón, ¿y los tuyos?

- Solo tengo una, soy madre soltera, está allí.

No podía dejar de mirarla. ¡Esa niña rubia con ojos aguamarina debería ser su hija! ¿Por qué no se la había mandado a él el jodido Dios?

Entonces se percató que esa madre con la que hablaba también era rubia, lozana. Su pelo se balanceaba al sol como las espigas en primavera y sus ojos eran azules cristalinos.

- ¿Cómo se llama?

- Le llamo Vivi, de Victoria. ¿quieres un café? Soy camarera en el Casino.

Por supuesto aceptó.

Muchos cafés siguieron a esa tormenta.

A los dos meses de esta historia Kepa le dijo a Mª Luz que se encontraba mucho mejor y que quería hablar con ella.

Estaba rejuvenecido le invitó a cenar, la primera cena en meses pensó ella. Y se arregló para la ocasión, tenían que celebrarlo. Con una sonrisa de amor en su cara atendía Mª Luz las palabras de su pareja:

- No sabes cómo te agradezco todo los sacrificios que has hecho por mí este tiempo.

- Eres mi pareja, cualquiera habría hecho lo mismo, mi amor, lo hemos superado.

No era así como pensaba nuestro Indio Cherokee. Él lo había superado porque su querida hermana Bibi le había mandado una señal en forma de niña, llamada Vivi.

Y así fue como Kepa superó su adicción, gracias a la inocencia de una pequeña de seis años.

Con el tiempo se daría cuenta que aquella vida resucitada sería una factura a pagarle al Universo.

Cada noche desde entonces un sueño le despertaba al amanecer, era una figura rubia de ojos aguamarina que le giraba la espalda diciéndole:

"Debes mejorar todo en tu vida pero nunca lo hagas a costa de otra vida"

Aunque toda sociedad está basada en la intransigencia, todo progreso estriba en la tolerancia.

Georges Bernard Shaw

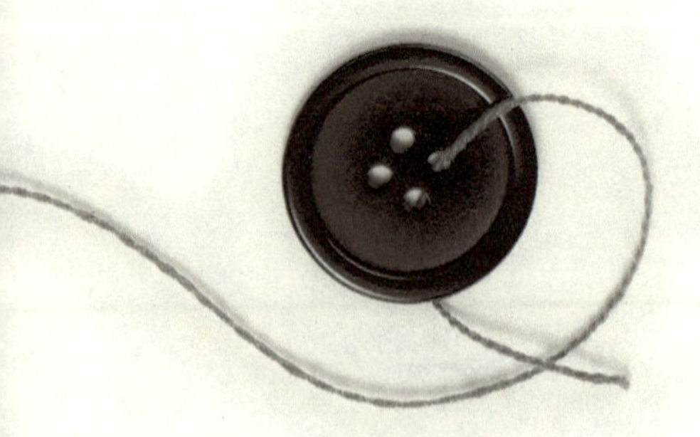

Federico – La Intransigencia

No creía que pudiera gustarle más.

Entre bambalinas se entretenían Federico y su hermana Helga mirando las figuras blancas de lycra y tul saltar y corretear al ritmo de la música de El Lago de los Cisnes.

Los dos hermanos tenían ocho y siete años y estaban más que acostumbrados a deambular por los secretos del teatro del palacio de Congresos ubicado en el territorio del Kremlin. ¿Ballet en el Kremlin? Pues aunque suena raro hay un teatro de ballet dentro del Palacio de Congresos.

Los chicos eran hijos de un periodista alemán destinado en Rusia y de la modista de la escuela de danza del Ballet Imperial ruso.

Los sábados, los niños y niñas entre cinco y doce años que había tenido la suerte de pasar todos los filtros requeridos, ensayaban en el teatro para irse acostumbrando a ser estrellas, así pensaba su profesora, Dasha, una de las leyendas de la compañía de ballet.

Ese día, al terminar la función, Helga no pudo resistir la emoción y se puso a aplaudir detrás de las cortinas del escenario. Dasha se giró para saber que ocurría cuando Helga madre apareció de repente:

- Disculpad, Sra., mis hijos estaban mirando, no molestaran más, lo siento.

- ¿Por qué aplauden?

- Les encanta verles bailar….

- ¡Acércate! ¿Cómo te llamas?

- Soy Helga, como mi madre. Perdone…

- Y ¿tú? ¿cómo te llamas?

- Federico.

- ¿Os gusta bailar? Dijo Dasha.

- ¡Sí! Corearon los dos hermanos.

- Si vuestra madre os hace un maillot podéis empezar mañana.

- Gracias, Sra. - dijo Helga madre – sería un honor pero nosotros no tenemos dinero, no podrá ser…

- Si tú los vistes yo les enseño, este es el trato. En agradecimiento a todos los vestidos preciosos que siempre les confeccionas a mis alumnos.

Los chicos estaban emocionados, podrían bailar con la Crème de Crème. Esa noche sus sueños tendrían el color de la danza.

Llegó un día en que les mandaron al siguiente grupo, el de doce a quince años. Y ya no era lo mismo. Dasha se quedó con los pequeños y ahora tenían un profesor de danza bailarín del primer ballet, un personaje que no conocía la sonrisa, estricto como la Rottenmeier del cuento de Heidi. Se fijó en los hermanos y llamó a sus padres:

- Lo siento, no puedo seguir perdiendo el tiempo con Federico. Helga puede seguir y ya veremos….

Federico intentó convencer a ese cabrón escéptico pero no pudo, se quedó balbuceando y le vio marchar sin escucharle.

Cuando salían de la escuela veía como Helga se iba al teatro y sin embargo el volvía a casa.

Se sentaba en el comedor abstraído. No oía ruidos, no apreciaba objetos, sentía escalofríos, tenía calambres… todo por no poder bailar en el Kremlin. Su madre al verle le explicaba:

- Federico, la vida es dura, Has tenido mucha suerte durante años, da las gracias y sigue adelante.

No siempre hay explicación para todo

Por aquel entonces sus padres no andaban demasiado bien en su matrimonio. El periódico mandaba a su padre a recorrer mundo en busca de noticias impactantes. Tantas separaciones acabaron por provocar la separación definitiva.

Y Federico decidió marcharse con su padre, lejos de su sueño roto. Había sido un cazador en busca de un Unicornio y se había encontrado con un burro, eso no era justo. Si era cierto que la distancia y el tiempo todo lo curan mejor largarse.

A los tres días de viaje llegaron a Portugal donde se establecieron por tres meses. Como era verano Federico disfrutaba de la fabulosa playa de Lisboa y los Fados melancólicos le quitaron despacito la faja mental que le estrujaba el cerebro. Playa de día y tango de noche, esa fue su vida durante tres meses. Todo volvía a la normalidad.

De nuevo su padre tenía que desplazarse por trabajo:

- Federico, tengo trabajo en Madrid, Valencia y Granada, tienes veintidós años, deberías espabilarte.

-   Buscaré trabajo…

-   Tendrás que hacerlo. Te dejo pagado un mes de alquiler, a partir de aquí tendrás que espabilar. Tienes mi teléfono si me necesitas. Adiós hijo.

Era ya final de agosto y nuestro héroe no recibía mucho dinero por sus tangos, los turistas iban de baja y las propinas también. A mediodía se pasó por su piso el propietario para pedirle el alquiler de setiembre, si no podía pagar debería abandonar el apartamento en dos días.

El poco dinero que le quedaba no le iba a alcanzar para seguir en Lisboa y Federico pensó con tino que debía encontrar un lugar donde el turismo no se marchara con el sol.

Esa misma tarde compró un billete a Barcelona, la ciudad más cosmopolita del mediterráneo, el turismo allí no tenia edad ni estación, siempre había gente.

Además en esa ciudad tenían un paseo desde el mismo centro de la ciudad hasta el mar, una rambla arbórea famosa por sus flores y por los teatros de variedades, allí encontraría asilo, vivienda y, con un poco de suerte, una compañía de teatro que quisiera contratarle.

Era buen bailarín.

No lo suficiente para el Ballet Imperial Ruso pero mejor que muchos otros que habían triunfado en Europa.

El tren era uno de esos que no corren a tope, dieciséis horas de viaje sentado en una butaca poco cómoda. Se armó con una mochila grande en la que cabía su ropa, sus objetos de aseo y sus Cd's de El Lago de los Cisnes.

Todo lo demás lo bajó a la calle y logró vender la mayoría de cosas por precios regalados pero que le aportaron unos setecientos euros más.

Llegó a Barcelona exhausto y hambriento pero a los pocos minutos de salir de la estación en Plaza Cataluña...

¡Allí estaba!

La Rambla

El paseo más bonito de Europa según escribió no sé quien en el Reader's Digest hace años.

Esa calle ancha flanqueada de Sicomoros estaba en pleno apogeo. Siendo sábado a mediodía había gente por doquier, de todos los países y colores. Todos mirando los quioscos que, allí, no son de periódicos, son de flores, miles de brazos de colores centelleantes abiertos al sol de setiembre desplegando su aroma. En su interior una voz casi siempre enmudecida le gritó:

- Federico, este es tu sitio. A la mierda Moscú.

Fue fácil encontrar una pensión en las calles estrechas del barrio chino. Una habitación con cama individual y ventanuca a la calle en un sexto piso sin ascensor. La parte buena del asunto era el precio.

Dejó allí sus pocas cosas y salió a comer algo para alegrarse la tarde.

Había estatuas humanas inmóviles, un semiciego con un arpa tocando arpegios, malabaristas y

hasta chicas con caballetes que te hacen un retrato rápido al carboncillo. Y algo más: un corro de gente aplaudiendo a una pareja bailando Flamenco.

Embelesado, miraba los taconazos del hombre y las manos de esa mujer que movía sus dedos en círculos perfectos acariciando el viento.

- ¿Sois de alguna compañía de teatro?

- ¡Qué va! Somos estudiantes del conservatorio, venimos aquí a bailar para ganar algo de dinero.

- ¿Estudiáis Flamenco?

- Hacemos ballet, pero aquí en la calle resulta un poco aburrido. Hoy nos hemos puesto andaluces pero vamos cambiando. ¿Tu Bailas?

- Un poco….

- ¿Dónde aprendiste?

- Estudié con Dasha en la…..

- ¿Dasha? ¿La bailarina rusa?

- Si, del ….

- Del Ballet Imperial Ruso ¡no me lo puedo creer! Tú te vienes con nosotros. Somos Cari y David.

- Pero….

- Pero nada. ¿Quieres bailar un poco aquí?

- No sé bailar flamenco… ¿Tango?

- ¿Tango? ¡Me encanta!

A partir de entonces casi todas las noches salían los tres juntos. Tenían muchas cosas en común y una misma pasión, la danza.

Y un ángel pasó por allí a rescatarle

Al finalizar su sesión aquella noche se acercó a felicitar a Federico un sesentón de pelo cano. Vestido con traje gris impecable y corbata de seda rosa su aspecto era un poco ambiguo pero muy elegante.

- Tienes buena formación clásica, escuela rusa supongo…

- ¿Quién es Ud.?

- Si quieres un trabajo mejor llámame.

Y poniendo una tarjeta en su mano se largó como había venido. "Bruno Zaldivar. Empresario teatral".

David miró a Federico como un buitre en busca de presa. Cari se acercó a él como la serpiente que tentaba a Eva en el Paraíso Terrenal, dulce y seductora.

- Tranquilos, no voy a hacer caso, les dijo.

- ¿Por qué no? ¡Es nuestra oportunidad!

- No me ha dicho nada de vosotros…

- Pero tú le hablaras de mí, dijo Cari, ¿no?

- De momento bailemos, ya lo pensaré.

Cari decidió que esa noche la sesión sería de Tango, el baile más sensual del Universo. Ante la mirada amenazadora de su novio Cari despertó a la música como nunca y los dos cuerpos se abrazaron como si de uno solo se tratara, al más puro estilo de Rio de la Plata.

El público enmudeció. Era sentimiento en movimiento. Amor y tristeza en unión. David les dejó allí impotente.

El baile no acabó en la calle sino en la triste habitación de la triste pensión de Federico que en ese instante de explosión corporal le pareció el Ritz.

Por supuesto, ese trió amistoso duró hasta que Cari perdió el sentido y se enrolló con Federico esa noche después de deleitar a los transeúntes con sus piernas enroscadas a las de nuestro héroe en un tango de amor.

A la mañana siguiente una sombra esperaba agazapada detrás de un contenedor, era David. David le amenazó:

- No tienes papeles. Si no te largas y dejas a mi novia en paz te denuncio.

Y, naturalmente, se fue.

Se fue a llamar a aquel traje gris con corbata de seda rosa de aspecto ambiguo. Quedaron en el café Zurich, un establecimiento centenario que, por desgracia, ha perdido su glamour.

El traje gris le contrató como coreógrafo de su compañía. Le dejó a su cargo treinta y dos bailarines con el compromiso de ensayar para la función que se haría durante la Fiesta Mayor. En Girona. Si todo salía bien se irían de gira durante dos años. Le arreglaría los papeles si la primera función era un éxito.

Federico estaba exultante de felicidad, por fin alguien se daba cuenta de su valía, no como ese idiota de Moscú.

Pero no era tan fácil.

Los bailarines contratados no eran muy profesionales sino más bien una panda de adictos a las discotecas y a los porros, no tenían más idea que las clases que habían recibido del anterior coreógrafo durante dos años. ¿Qué les enseño ese inútil?

- Hemos hecho el baile de West Side Story, ese de Maria que chasquean los dedos.

- Y también algo de Cats. Y Cantando bajo la lluvia.

- ¡Y yo era Sandy en Grease!

Ufff... ¿y el traje gris ahora quería El Lago de los Cisnes? ¿En serio? ¡Si no saben por dónde empezar!

El lago de los cisnes era su especialidad desde pequeño. Federico no quería perderse la oportunidad de demostrarle al mundo, a su familia y al idiota ese ruso que se habían equivocado.

Empezaría despacio pero esos mentecatos tenían mucha suerte, aprenderían de verdad, del mejor, sería un éxito.

Les convocó a una reunión para conocerse y les dijo que si querían destacar debían esforzarse, nada se consigue sin esfuerzo, en el ballet la suerte no existe.

Todos estuvieron de acuerdo. A continuación marcó ensayos todos los días en dos tandas de dos horas. Ahí ya empezaron a rebelarse.

Pero él era un líder.

- Podéis quedaros o abandonar pero aquí mando yo y las cosas se hacen bien. ¿alguien quiere irse?

Se levantaron dos manos que salieron despotricando por la puerta seguidas de los cuerpos a las que estaban pegadas. Los demás se quedaron.

Algunos hasta estaban emocionados.

Y ese teatrucho se convirtió en una compañía de ballet lo más parecido a la profesionalidad que pueden tener los amateurs.

Sin embargo el esfuerzo era brutal y empezaron a desanimarse. Federico era un tirano, tanto como aquel idiota ruso, y ocultando sus vicios a los ojos de los demás muchos fueron tomando el camino fácil, el de "*la rayita*" que te da más alas que un Red Wool.

El más disciplinado en "rayas" era nuestro amigo.

El día del estreno todo fue un éxito. Ten en cuenta que estamos hablando de gente normal que hace un esfuerzo titánico para sobresalir como si de divos se tratara, aunque no lo eran. Por tanto todo fue de maravilla.

Todo menos que la "*cisne negra*" se cayó de narices al acabar la función, demasiado "*complemento*" en su sangre y el gran aplauso del público la llevó volando al hospital.

Desesperado, Federico salió en busca de una solución y recordó que se celebraba un festival en la Plaza Mayor. Para su asombro, en la representación de la Escuela de Danza había gente nueva, alguien especial.

Su cuerpo se movía sin esfuerzo al ritmo de la música como el mar acaricia la playa. Envuelta en un vestido rojo de seda, Amelia se soltaba, se sentía bonita, era especial.

- Amelia, este es Federico, dirige la escuela de danza profesional de Girona, quiere hablar contigo.

- Ah hola, dime…

- Bailas muy bien, he quedado gratamente sorprendido con tu forma de moverte, necesito bailarinas para una obra musical que estoy montando. Tres meses en la ciudad y seis de gira por España, me gustaría mucho poder contar contigo, ¿Qué me dices?

- Que está loco, yo soy enfermera, bailo por hobby.

- Pues quizá deberías pensarlo, la vida de bailarina acaba cuando eres joven, después siempre puedes volver al trabajar en un hospital.

Amelia era enfermera. La relación destructiva con su madre le había llevado al caos tiempo atrás pero se refugió en la danza todo cambió. No pensaba en serio seguir a ese larguirucho pero… ¿Por qué no? Había tenido un encontronazo con su madre hacía poco, quizá si se marchara todo cambiaria a mejor.

Al día siguiente se dirigió al ensayo de Federico que, feliz al ver que su problema se desvanecía ante esa figura angelical, la recibió con los brazos abiertos.

- Cristina se cayó y nos faltaba una bailarina, ponte las pilas que actuamos pasado mañana, tienes mucho que aprender, no nos hagas quedar en ridículo.

Amelia pasó varios estados en dos minutos. De la felicidad a la sorpresa, después a la incredulidad, desasosiego, turbación, malestar, ansiedad…. para llegar a miedo.

Federico se le acercó al ver su turbación:

- Nunca te dije que sería fácil, como se suele decir…

- Tampoco dijiste que tenía dos días para aprender todo…

- Creí que podrías hacerlo.

- Quizá con tiempo, no con dos días….

- Quédate después del ensayo, yo te ayudaré.

Trabajaron mucho hasta que Amelia, exhausta quiso marcharse a descansar. Pensó que era lo que ella necesitaba, su deseo era divertirse y aquello iba a ser una situación muy estresante, ya seguirían por la mañana. Pero Federico no estaba dispuesto a fallar.

- Gracias Federico, seguiremos mañana, estoy exhausta…

- No, ni hablar, aún nos quedan un par de horas, tengo la solución.

A regañadientes aspiró Amelia aquel polvo blanco que la hizo crecer falazmente.

En un par de horas aprendió más que en todo el día y su ego subió como la espuma.

- ¡Perfecto Amelia! Ya sabía yo que podías hacerlo.

En ese estado de falso perfeccionismo que te dan algunas substancias se sentía realizada, bella, importante, querida…. Y querida estaba porque Federico la cogió en brazos para felicitarla y acabaron revolcándose por el suelo en un baile de amor, sus hormonas estaban en pleno festín.

Así empezó la relación de Amelia y Federico. Todo iba sobre ruedas y sobre "*rayas*". Y así siguió con éxitos en sus representaciones y sus revolcones.

Hasta que se dio cuenta que estaba embarazada. Como enfermera sabía que debía elegir: niño o teatro con rayas. Eligió niño.

Ese fue el final del amor y del baile, ese hombre no estaba dispuesto a perder lo que tanto le había costado ganar por un malnacido.

La despidió y se dedicó a enseñar y a drogar a su siguiente víctima, una chavalita de diecinueve años que brillaba aunque estuviera en la oscuridad.

Pasaron los dos años de gira y pasaron también cuatro chavalitas más, todas ellas desperdiciando su juventud y su vocación por seguir a un bailarín ruso de pacotilla.

.De los treinta y dos bailarines que empezaron quedaban ya solo cuatro. Diecisiete tuvieron la suerte de marchar a su casa y a sus trabajos sin demasiadas complicaciones. Los otros trece andaban por ahí entre su casa y sus ingresos al hospital en la unidad de desintoxicación. Federico era el peor.

Cuando el hombre del traje gris y corbata de seda rosa llegó a la sala se encontró un Federico eufórico y descontrolado que ya no podía hacer ni el Plié, ni el Battement Fondú ni el Chambré, ni nada de nada.

Tuvieron una agria discusión. Federico se encolerizó hasta el punto de darle un puñetazo a su jefe que le empujó para quitárselo de encima. A los dos minutos llegaron dos policías que agarraron a Federico por los sobacos y se lo llevaron.

- Este tío se nos va a quedar tieso en el coche, va puesto de todo y más, es mejor llamar a la ambulancia.

Le tuvieron que atar a la camilla por la fuerza mientras gritaba que era el mejor bailarín ruso de todos los tiempos.

- ¡Que resucite Nureyev y lo vea! ¡Soy mejor que el!

Entrando por la puerta del hospital salieron a su encuentro un médico y una hermana con hábito gris pero no era monja, se llamaba Rosalía. No era su nombre auténtico.

- ¿Quién es el paciente?

- Ni idea. Le hemos calmado un poco pero solo balbucea, dice que se llama Federico.

Y Amelia, la Rosalía de esta historia, le miró con cariño y le acarició la frente.

- No temas Federico, aquí estarás bien. Tengo noticias para ti, un bebé rollizo quiere conocer a su papi.

- ¿Amelia? Por Dios mi amor, nunca debí dejarte, ayúdame, me estoy muriendo…

- Casi te mueres pero nosotros cuidaremos de ti, todo saldrá bien.

Como la transmutación del cisne, la Caridad siempre vence a la intransigencia

*La mayoría de las personas
tienen miedo a la muerte
porque no han hecho nada de
su vida.*

Peter Alexander Ustinof

Octavio – El Miedo

Era torero hasta estando quieto.

Se había metido en tantas juergas que su cuerpo evidenciaba todo un catálogo de cicatrices para una persona normal, pero él no era una persona normal.

Motero, roquero, drogata, paracaidista, cocinero y enamorado su nombre era Octavio, pero atendía al nombre de Arcoiris.

Era serena hasta bailando el *Can Can*.

De fina estampa y 1,55cms. de estatura era la pequeña de sus hermanos y la mimada de la casa.

Tranquila, empática, integra, dulce y responsable su nombre era Carmen, pero atendía al nombre de Carmela.

A esos dos seres sin nada que ver a priori el destino les preparaba una encrucijada en la que se atravesarían sus vidas como si se tratara de dos espadas Samurái.

Nacido en un barrio de los más desfavorecidos de Cádiz era el tercer hijo de una familia uniparental de siete hijos y siempre le vestían con cualquier prenda de sus hermanos mayores - de todos los colores - por ese motivo su mote era *"Arcoiris"*.

Ya de muy pequeño tuvo que dejar la precaria escuela del barrio para ayudar a la manutención familiar.

El día que cumplió nueve años su padre ordenó a sus hermanos mayores que se llevaran a Octavio con ellos a trabajar. Ese trabajo consistía en vestirse mal, ensuciarse y ponerse en un semáforo a pedir limosna.

Ese pequeñajo de temperamento abrupto se lo tomó fatal. El quería ya, a esa temprana edad, tener los conocimientos suficientes para ser piloto de aeronaves, de esas tan grandes, las que veía surcar el cielo dejando una estela blanca.

Su pasión era ver pasar los aviones que sobrevolaban su barrio cada siete minutos y su sueño estar ahí arriba, cerca del sol durante el día y de las estrellas durante la noche

Como no tenían tele, su único entretenimiento al salir del colegio era jugar a pelota con unos trapos anudados o tumbarse en el asfalto a contemplar el cielo.

El día de su cumpleaños esperaba un pequeño regalo, algo así como un Donut con velas u otra camiseta heredada de alguno de sus hermanos mayores. Pero no, su regalo consistía en dejar la escuela y ponerse a mendigar.

Su padre se fue acomodando más y más a medida que crecían sus hijos ya que en cada cumpleaños obtenía un nuevo *empleado* que aportaba dinero diario a su cartera.

Esa cartera se vaciaba también a diario entre los pocos alimentos que compraba y las muchas piedras de *chocolate* y bolsas de marihuana con las que solía traficar. El aroma de esa hierba que ponía en su tabaco era el ambientador de la cabaña.

Pasó así el tiempo y otra vez llegó su cumpleaños, quince. En esa ocasión el regalo era otro cambio de trabajo, com más estatus y responsabilidad.

- Mira chico, ya eres un hombre, vas a dejar los semáforos y a empezar a vender Mierda. Coge la mochila de El Chachi y llévate diez bolsitas, no vuelvas hasta que tengas 200 euros, para el primer día estará bien.

- ¡Si hago eso en la calle me trincarán los grises![1]

- Ponte debajo de los puentes de la autopista, los payos[2] ya lo saben. Trae el parné[3] o quien te trincará[4] será tu padre. Tráelo aunque tengas que binelar[5] el peluco[6]. ¡Chinda la burda![7]

Y así fue como Arcoíris – sin miedo a nada - cogió la mochila y las diez bolsitas. Y las otras setenta y dos bolsitas también, más las catorce piedras de "*chocolate*" que estaban sobre la piltra[8] de su padre. Con ese botín y un pantalón viejo y dos camisetas de colores salió de esa casa para no volver jamás.

Para que no le encontraran empezó a hacer dedo de camino a Madrid.

De camión en camión y puesto que muchos camioneros tienen por costumbre recoger pasajeros con mochila para no hacer solos el trayecto, fue avanzando hasta llegar Jerez de la Frontera, ciudad

---

1 Policía
2 Persona que no es de raza gitana
3 Dinero
4 Detener
5 Vender
6 Reloj
7 Cierra la puerta
8 Cama

reconocida por su Aeropuerto y por ser la cuna del flamenco gracias a sus artistas famosos como José Mercé y Lola Flores.

La grata sorpresa de nuestro aventurero cuando llegó a Jerez fue mirar al cielo para admirar esas majestuosas aeronaves entre nubes; sin embargo también miró al suelo y descubrió que justo esa semana se celebraba el Gran Premio Internacional de Motociclismo.

Para Octavio aquel estruendo de ronquidos de las motos eran como una señal del cielo, había seguido el camino correcto y había llegado al paraíso, todo lo que se relacionaba con motores poderosos era su debilidad.

Metido entre la multitud admiraba aquellas máquinas geniales, aquellos caballos con ruedas, los monos multicolores de los pilotos. El olor a gasolina era un aroma sensual y delicioso para su olfato.

Sentado en un monte con buena vista no se le ocurrió otra cosa que liarse un petardo, es decir, un cigarrillo con un poco de complemento de esas hierbas aromáticas que malembelesan los sentidos.

A su alrededor, la gente le miraba. Unos lo hacían divertidos: ¡ese mocoso se estaba poniendo morado! Otros con repulsión: ¿es que sus padres no le habían enseñado los males de las sustancias nocivas?

Precisamente uno de esos últimos avisó a un policía que estaba cerca y este asió a Arcoíris por el antebrazo y se lo llevaba al furgón policial cuando....

Un ángel apareció en su vida.

- ¡Chico! ¿Dónde estabas? ¡Llevo toda la mañana buscándote!

- Pues yo…

- Yo, yo, yo…. Siempre igual. ¿Quién te ha dado ese cigarro? ¿No ves que eso es perjudicial para la salud y te dará impotencia? Dame eso y pasa pa casa que tu madre te estará esperando.

- ¿Mi madre?

- Tu madre sí, mi mujer ¿recuerdas? Venga, a casa, ven conmigo, ya verás la que te cae.

- Lo siento señor guardia – le dijo al policía – ya no sabemos qué hacer con este cabeza loca, pero le juro que no volverá a las andadas.

Y sin más le agarró del pescuezo y lo sacó de ahí más corriendo que andando, por si acaso el municipal tuviera la intención de detenerles.

- Oye chaval ¿Cómo te llamas? Le dijo su ángel.

- Arcoíris.

- ¿Qué? ¿Qué nombre es ese?

- El que me puso mi padre.

- Ah, ¿pero tienes padre?

- ¿Y a ti que te importa? Suéltame o llamo a la poli.

- ¡Mira el mocoso! Jajaja, vamos ven conmigo, tienes cara hambre y sueño.

Y se lo llevó a boxes.

Arcoíris no podía creer la suerte que le había deparado el destino. Podía pasear a sus anchas entre aquellas bellezas de hierro y cables sin problemas.

Incluso se atrevió a posar suavemente sus dedos en una Honda roja y negra llena de pegatinas cuyo dueño era el campeón del mundo, un tal Marc, era como una aeronave de sus sueños en miniatura.

- Quita tus sucias manos de mi moto.

Aquella pequeña figura enfundada en un traje ignífugo le miraba a través del cristal de su casco con ojos de fuego.

- Tranquilo colega, es amigo mío, ya nos vamos – dijo su "*padre adoptivo*".

El angelito que le sacó de apuros por segunda vez se llamaba Eusebio y no tenía la más mínima intención de protegerle a él sino a sus preciados tesoros, los que llevaba Octavio en la mochila.

Mecánico de los buenos de profesión, sus dotes llegaban al doctorado cuando se ponía a trabajar enserio, por esa razón nadie le tenía en cuenta que se drogara a menudo.

Si quisiera podía convertir un Vespino en una locomotora de dos ruedas que sacaría chispas del asfalto y arrasaría con todos los que competían allí.

Acabada la carrera, Eusebio se llevó a Arcoíris a conocer la ciudad. Y en su propia moto, una Harley Davidson Fat Boy roja y resplandeciente, que le dejó sin habla y sin movilidad corporal. Le llamaba "*mi Maruji*".

Entre cervezas y montaditos acabaron borrachos como cubas y empezaron a fumar marihuana. Sobre las dos de la madrugada hubo un momento subliminal de locura cuando Eusebio le dejó probar su moto a Octavio y después de once vueltas al circuito creyó que había descubierto el clímax de la velocidad y volaba en la moto y en su cabeza hasta el mismísimo cielo.

Y muertos de risa y de cansancio se fueron a dormir.

Arcoíris se despertó sobre las cuatro de la tarde. Estaba solo, todo a su alrededor había desaparecido: motos, talleres, pilotos, mecánicos, público, gradas, y también su mochila con su suculento tesoro….. Todo excepto ese panoli de policía que el día anterior se lo quería llevar a chirona[9]. Y allí es donde precisamente acabó.

Dos días pasó nuestro colorido héroe en los calabozos hasta que un malvestido abogado de oficio le rescató. Habían contactado con su padre que les firmó todo lo que le pusieron delante con tal de quitárselo de encima y que no le encerraran por posesión de drogas.

Fue así como nuestro adolescente delincuente tuvo que responder la pregunta clave:

- Por suerte eres responsable de ti mismo porque tu padre te repudia por ladrón, tienes dos opciones: o te vas al reformatorio o te enrolas en el ejército, tú verás.

- Pues al ejercito.

Con tal de no reformarse cualquier opción le parecía mejor.

Le subieron a un furgón junto con cuatro presos más y emprendieron viaje; a la hora de camino Arcoíris preguntó:

---

9 Chirona

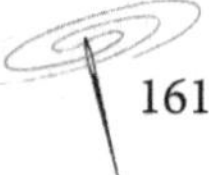

- ¿Tan lejos está el cuartel?

- A unas 10 horas más o menos.

- Pero… ¿A dónde vamos?

- A Murcia.

Por si no lo sabes en Alcantarilla, pueblo de Murcia, está la Escuela Militar de Paracaidismo. De nuevo el destino le regalaba una grata sorpresa, podría subirse a un avión. Y gratis.

Pero todo en la vida tiene un precio.

Al llegar le acomodaron en el último barracón del cuartel. Allí todos eran muy machos y no tenían la más mínima intención de cuidar "*niños*" como avisó el sargento que les recibió.

Le asignaron una cama y una taquilla y le dijeron que se volviera invisible, si se portaba bien en unos meses seria mayor de edad y le echarían de ahí para alegría de todos.

Estuvo unos cinco días tumbado en su catre. Su actitud con el trabajo no era precisamente su fuerte, hasta que

De nuevo encontró un ángel

Dios - si existía - no quería dejarle en paz y un capitán le encontró dibujando un Havilland 9-93 en la arena del patio:

- Muchacho ¿tú quien eres?

- Nadie.

- Un militar es mucho más que nadie.

\- No soy militar, me iré de aquí cuando cumpla 18, por desgracia….

\- ¿Por qué por desgracia? ¿no tienes asignada ninguna tarea?

\- Le molesto a todo el mundo.

\- A mí no. Necesito un mozo que me limpie los zapatos y me tenga el uniforme planchado y limpio como si se tratara del día de mi primera comunión.

\- ¿Eso qué es?

\- Vale ven conmigo. ¡Ahora!

\- Mire payo, a mí la limpieza no me va, a no ser que me deje limpiar los aviones….

\- Si te espabilas lo pensaré.

Y de esta guisa empezó a trabajar en los aposentos del capitán. Empezaba por la lavandería y sobre las doce le mandaban a cocina:

\- Este capullo de Girona tiene el morro fino, le gusta comer bien, le dijo el cocinero a Octavio.

En pocos días, entre cantes y palmas flamencos se había adueñado de los fogones y sus inventos culinarios se hicieron famosos más allá de los muros del cuartel.

El Capitán llamó a Arcoíris un día de Junio y le pidió que le acompañara:

\- Chico hoy es tu día de suerte, despegamos en cinco minutos.

Todos los que esperaban a subir a esa barriga de hierro le miraban y se reían divertidos. Le pusieron un casco y una especie de chaleco militar con mochila que pesaba la hostia:

- Es el uniforme de los aviadores, jajaja

Arriba entre el cielo y las nubes nuestro héroe pensó que estaba muerto y se lo habían llevado al cielo.

- Cinco minutos, ¡preparaos! Dijo el piloto.

Arcoíris despertó de golpe a la voz del capitán. Los paracaidistas del escuadrón de acrobacias le miraban divertidos riéndose de su cara de incredulidad.

- Dejad al chaval en paz, venga, todos en sus puestos.

- Tú eres el primero chico, le gritó uno de ellos.

La juerga era impresionante al ver la cara de turbación de Octavio.

- Vamos vamos, dejad al chaval en paz, solo quería darle un premio por sus guisos, venga a formar.

- ¡Preparados!

En ese momento se oyó una voz chillona y encolerizada desde el fondo de la aeronave:

- Queréis reíros de mi ¿no? Pues os vais a joder todos juntos, dejadme pasar. ¿llevo todo lo necesario? ¿esta es la anilla del paracaídas? Pues ¡¡¡ADIOS!!!

Y sin un ápice de miedo se tiró sin más.

Pasaron tres días antes que Octavio despertara en la cama del hospital, tenía fractura doble de peroné, tres costillas rotas y conmoción cerebral leve. Al despertar se encontró con dos de sus compañeros de salto:

- ¡Bienvenido! Nunca creímos que saldrías vivo de allí.

- Pues puede que cuando mejore os mate a todos por la encerrona ¿qué me han puesto en la cara?

- Unos trece puntos de nariz a oreja, caíste sobre una roca.

- ¿Y el capitán?

- Estará a punto de llegar, mejórate tío.

- Hasta nunca payos de mierda….

Cuando vio que el capitán se le acercaba buscó algo contundente para darle en la cabeza pero no tuvo tiempo, éste se le abalanzó al cuello en un abrazo fraternal.

- Joder Octavio, creí que te morías…

- ¡Ni hablar! ¿Cuándo repetimos? ¡Fue genial!

- Solo fue una novatada, no queríamos tirarte, lo hicimos para darte un buen susto pero nos lo diste tu a nosotros, cabronazo. No eres militar, no podemos enseñarte.

- No seas Julai[10], capi, o me enseñas o me tiro igual.

Y así fue como aprendió a volar.

Pasados un par de años Arcoíris había crecido en todo: altura, músculos, valentía, arte culinario, porrazos y cicatrices. Tanto era así que su capitán le llamó de nuevo a su despacho.

- Chico, aún no es del dominio público pero me ascienden y me mandan a Girona, necesito un chofer, un cocinero y un guardaespaldas.

---

10 Pringado, maricón

- Tengo a una de mis novias embarazada….

- Eres un pringao como dirías tú….

- La pringá es ella, yo me abro, no quiero hijos. Me voy con Ud. si es lo que quiere. ya tiene un tres en uno ¿Para qué necesita un capitán un guardaespaldas?

- Bueno… tengo un hermano, un desgraciado que toma más cocaína que pan, se pasa pidiéndome dinero y ha llegado el momento en que ya no puedo controlarlo, temo que venga a por mí y a por todo lo que tengo si sabe que vuelvo a mi casa, guárdame el secreto Arcoíris.

- Soy una tumba. Hecho.

En seis meses marcharon hacia Catalunya al nuevo destino del capitán, cerca de su casa. Cuando llegaron allí pensaron que un huracán se había instalado en esa preciosa Masía del militar.

Pistola en mano penetraron despacio en la gran sala y encontraron un cuerpo tirado en el sofá, dormido y apestando a alcohol y a todo lo que podría acompañar a un adicto.

Los dos hombres, allí de pie se miraron perplejos al ver que habían pronunciado el mismo nombre.

¿¿¿¿EUSEBIO????

- ¿Pero tú conoces a mi hermano? Dijo el capitán.

- ¿Este hijo puta es tu hermano? Pues yo me lo cargo…

- ¿Cómo puedes conocerle? Nunca ha estado en Murcia…

- Es un chorizo de los malos, me quitó todo lo que tenía cuando no tenía nada, y me dejó tirado, por eso la poli me mandó a tu escuela. Cuando despierte lo paso por la cuqui[11].

El capitán le disuadió argumentando que acabaría en "Chirona"[12], como él decía si se lo cargaba.

- Bastará con que le asustes lo suficiente para que no vuelva. Ya creía yo que tú podrías ahuyentarle pero ahora estoy seguro que no volverá, no deja de ser un desgraciado cobarde.

- Te aseguro que no volverá.

Despertaron a ese mal nacido que vio al mismísimo diablo cuando se percató de quien era el guardaespaldas del capitán aunque mucho más fornido y musculado.

Se levantó de un brinco y, recibiendo un buen puñetazo en la cara de parte de todos los colores del firmamento, les prometió que se marcharía para no volver jamás.

- Recojo a mi Maruji y me largo, no me pegues más.

- ¿Tu Maruji? ¿La tienes aquí?

- ¿Cómo te crees que he llegado?

- Pues te vas a ir andando, esa Harley Davidson ahora es mía, te la compré con mi mochila de sustancias alucinantes, deberías pensarlo dos veces antes de robar.

Al cabo de unos años el buen capitán se jubiló.

---

11   Pistola
12   Cárcel

Por su parte, Arcoíris seguía metiéndose en juergas y jaranas de todas clases y coleccionando cicatrices, pero seguía también siendo leal a capitán, al fin y al cabo le había dado toda una vida en que sus sueños de volar se hicieron realidad. Octavio era un canalla, cierto, pero no con su capitán.

Una noche de agosto moría el militar mientras dormía de forma plácida y sin un ruido, nadie se dio cuenta hasta el amanecer. Encima de la mesita de noche de su cocinero una nota:

"Estoy muy enfermo y no deseo sufrir, que no se entere nadie que soy mi propio verdugo, confío en ti como siempre. Sienta la cabeza de una vez, has sido el hijo querido que nunca pude tener, hazlo por mí".

Su muerte se anunció en todos los periódicos y noticiarios de radio y televisión pues había adquirido un estatus del más alto rango en su ciudad.

A Octavio nadie le hablaba. Sabían de su mal carácter y que podía saltarle a la yugular a cualquiera si creía que le mandabas un mal de ojo. Con la edad solo mantenía tres cosas buenas: su lealtad al capitán, sus recetas de cocina y una preciosa moto.

Al enterarse Eusebio de la muerte de su hermano le faltó tiempo para pedir su herencia, era su única familia.

Al llegar a la Masía le acompañaban dos policías que invitaron muy poco cortésmente a Arcoíris a abandonar la que fuera su casa durante mucho tiempo y quisieron arrebatarle a Maruji pero su mirada iracunda a Eusebio les hizo desistir:

- Que se la quede, yo me compraré otra mejor y más nueva ahora que soy rico.

De toda esa vida a nuestro héroe le había quedado algo importante: él era como un demonio que cocinaba como los ángeles, tal era su mejor virtud.

Su dolor por esa muerte le tuvo fumando y bebiendo durante una semana. Dormía en la playa después de noches de juergas y palizas como en sus mejores tiempos.

Un día al salir a comprar tabaco se encontró leyendo un cartel en un escaparate de un local en reformas:

- Se necesita cocinero, ayudante de cocina y cuatro camareros. Razón: 972 806 737, Preguntar por Carmen. Por favor deje su Currículum Vitae en el buzón.

Y Arcoíris pensó que un tercer ángel pasaba por su vida.

No sólo había aprendido a pelearse y a volar con su capitán, también le había visto comportarse, arreglarse, vestirse y hablar durante años, así que pensó en esa nota que había encontrado encima de la mesa:

"Sienta la cabeza, hazlo por mí, has sido el hijo que nunca tuve".

Octavio era un graduado con mención de honor en la carrera de la vida y al volver al apartamento que había alquilado creyó que debía escribir esa cosa que no sabía cómo se llamaba, tenía nombre de especie hindú, currynosequé y algo más.

El podía ser muchas cosas malas pero en su cerebro moraba una inteligencia superior. Gracias al sueldo que recibía del Capi y a que vivía en su casa lo que no gastó en Mierda lo tenía escondido en el hueco del palo de la escoba y no era poco.

Se fue de compras: un par de tejanos Levy's como los señoritos de los cortijos andaluces; dos jerséis de pijo,- ¿Por qué le ponían cocodrilos a los jerséis? – deportivas con una especie de pipa y una *"Jupa"*[13] de cuero del bueno.

Así vestido llegó al local en reformas con su carta en la mano llena de montones de mentiras, aunque con una sola verdad: era un cocinero cojonudo.

Desde el otro lado de la calle sentado en su Maruji vio acercarse una morena de belleza normalilla pero que tenía un no sé qué y un qué se yo que yo qué sé.

Con vaqueros, botas de media caña y una camisa de seda blanca daba instrucciones a todo *"quisque"*[14] sin inmutarse y sin que nadie la contrariara. Esa podría ser una buena candidata a su vida de cabeza sentada.

Se adelantó cuando la vio marchar y dejó la carta en su buzón esperando su llamada.

No tardo mucho en sonar el teléfono y quedaron para el día siguiente:

- Buenos días, soy Octavio, quedamos para hoy.

- Lo sé. ¿Cuáles son sus estudios?

---

13   Chaqueta de piel
14   Personas

- Estudié cocina en la escuela Vista de Barcelona, el curso de Técnico Superior en dirección de cocina, a distancia, es la mejor escuela, preparan cocineros a nivel internacional.

- ¿Has dicho a distancia?

- Sí, bueno, hacen presencial y distancia, elegí esta opción porque trabajaba para pagarme los estudios, fue realmente duro pero lo conseguí, pocos lo consiguen, los cursos presenciales son más fáciles.

- Pero… ¿y las practicas? Supongo que cocinabas algo…

- Por supuesto. Tengo el título aquí mismo por si quiere verlo.

Carmelita hizo una copia del falso diploma y le dijo que lo tendría en cuenta, le daría respuesta en una semana.

- Carmelita, ¿puedo llamarte así? Estoy plenamente capacitado, puedes estar segura.

Esa manera cordial de dirigirse a ella le incomodó pero creyó que era por la edad, ella tenía treinta y dos años por entonces y Octavio treinta y nueve, aunque aparentaba diez más.

- Me gustaría empezar cuanto antes, creo que nos llevaremos bien.

Se había fijado en ella, en su forma serena y dulce de hablar, intuía que debajo de esa coraza habitaba toda una *"guindilla de maceta"* sin miedo a nada que disfrutaría con la vida bohemia del motero más descontrolado.

En la inauguración del restaurante Carmelita montó una fiesta descomunal invitando a lo más y mejor de la ciudad. Todo personaje con influencia se presentó allí con la intención de degustar aquel sabrosísimo arroz a la cazuela que se preparaba en los restaurantes Carmelita. Ella misma preparó las famosas cazuelas de "*Arroz Carmen*".

El Carmelita 2 fue un negocio más que rentable durante tres meses durante los cuales Octavio – que nunca dijo que le llamaban Arcoíris – se rebeló como un excelente jefe de cocina.

Ya pensando que había cumplido con la petición del Capi de sentar la cabeza empezó a tirar piropos y zalamerías a Carmelita cuando pasaba a verles.

Ella, siempre sonriente, las aceptaba de buen grado y todo parecía viento en popa en esa relación incipiente con una excepción: para Octavio era un deseo de amor hacia su jefa, para Carmelita una relación empresaria/jefe de cocina cordial que hacía de su restaurante un oasis de paz.

Nadie se percató nunca del Segundo cocinero, un hombre que miraba con devoción a su jefa, con devoción y con amor, pero sabía que el amor de ella estaba en sus cazuelas.

A los cinco meses de abrir el "2" ya no tenían tantas reservas y Carmelita optó por pasar a ver a Octavio y preguntar qué pasaba.

Allí se encontró con el Segundo pues el jefe de cocina no estaba. Resulta que era jueves pero no se harían las famosas cazuelas "*Carmen*", los arroces de los jueves los estaba programando Octavio a su manera.

Carmelita se indignó tanto que pidió a Segundo cocinero qué parara todo, ella misma se encargaría ese jueves de cocinar.

Al llegar, Octavio se vio envuelto en el lado oscuro que nunca apreció en su jefa, una mujer dura, tranquila, empoderada, alguien que le despidió sin pestañear siquiera. Arcoíris apareció de nuevo en escena incrédulo ante lo que le estaba ocurriendo.

- ¿Qué haces aquí? Hoy es jueves, ¿No tienes trabajo en tu restaurante?

¡*Éste es también mi restaurante*!

- Pero dijiste que yo me encargaba de todo.

- De todo sí, pero de todo lo que YO quiero que se cocine aquí, no de tus experimentos.

- Son mucho mejores que tu negra cazuela de la Carmen esa…

¡Wow! Pobre Octavio.

Ese jueves volvieron las cazuelas "*Carmen*" y los clientes le felicitaron por un arroz excelente.

Sobre las dos y cuarto de la mañana Arcoíris se sentó en el despacho de su amor platónico borracho de nuevo como en sus peores tiempos.

Miraba la sala central del restaurante donde había colocado su artefacto explosivo con una cerilla en la mano.

Dejó las llaves sobre la mesa y se despidió de Carmelita tirando la cerilla sobre los manteles y todo empezó a arder como en una falla valenciana.

Invita la casa.

Sobre mediodía oyó que llamaban a su puerta varias veces y Arcoíris abrió desaliñado y somnoliento.

-   ¿Octavio Martínez? policía.

Esperó a abrir al segundo llamado.

-   ¡Sr. Martínez! Policía.

-   ¿Qué ocurre?

-   ¿Octavio Martínez" policía.

-   Hay un gran incendio en el Carmelita 2, creo que Ud. trabaja allí.

-   ¡Trabajaba! Esa mala pécora me despidió ayer por la tarde porque cocino mejor que ella.

-   ¿Dónde ha estado desde entonces?

-   Fui a ver a mis amigos, se reúnen siempre en el bar de la estación, hemos estado allí hasta las cinco y media de la madrugada, ¿no me ve? Tengo resaca….

Su pretexto era bueno, los amigos y algunos viajeros que pasaron por allí lo confirmaron.

Pocos momentos de alegría pudo saborear ese viernes. Cuando Isidro - el poli - se marchó sintió la oleada del vencedor como en su primer salto en paracaídas pero a los dos minutos se veía aterrizando de morros.

Había puesto su alma en venta, había fallado a su Capi, y lo peor de todo: por primera vez en su vida tenía un miedo aterrador, se sentía como bajo arresto domiciliario.

Había quemado a su amor.

Esa sensación que nunca había experimentado hasta entonces le condujo a hacer la maleta para huir de allí, pero Arcoíris era un delincuente, no tonto.

Su cabeza carburaba tan maravillosamente como su querido motor de Maruji y reconoció que sólo huyen los culpables, si se marchaba le investigarían hasta condenarle, se tenía que quedar.

En ese estado de frustración se sentía paralizado. ¿Eso era el miedo? Con razón la gente se inmoviliza bajo el yugo de aquella sensación.

Siguió con su vida, la antigua, la de peleas, drogas y moratones; ya no cocinaba, era el rey de las trifulcas. Se sentía atrapado. Podría definirte como se sentía Octavio con la siguiente frase:

Tenía miedo a todo lo que podía perder o ganar por miedo

A pesar que las diligencias policiales le exculpaban de todo mal sus sentimientos eran de gran frustración al no poder conseguir deleitarse de su "*guindilla*".

Al darse cuenta que volvía a ser un don nadie su alma le declaraba condenado y le sentenciaba de por vida al horror de sentir el miedo en su piel y en su corazón.

El domingo en que celebraban el cierre de los restaurantes de Carmelita con todos los honores, la ciudad se volcó para deleitarse por última vez de sus cazuelas de arroz y ella invitó a Isidro a comer. Le esperaba una mesa especial en la cocina y ese policía era el invitado de honor.

Entre plato y plato llegaron nuevas noticias:

- Buenos días Isidro y compañía, dijo el jefe de bomberos.

- ¿Una copa de cava? Celebramos el cierre.

- Oh gracias, dijo en bombero, pero tengo que decir la frase célebre: "estoy de servicio". Isidro, ¿tiene un momento?

Isidro volvió junto a Carmelita a los tres minutos con un objeto en la mano: ¿adivinas?.

De esas llaves quemadas que estaban investigando salió la prueba del delito, no podía ser nadie más, Octavio era el culpable. Al preguntar de nuevo a los amigos estos dijeron que Octavio se había ausentado unos 40 minutos para vomitar y recomponerse y volvió a seguir bebiendo hasta las cinco de la madrugada.

En el registro de su piso encontraron una zapatilla deportiva con restos de acelerante y según él las llaves las había tirado al mar en un momento de rabia.

Ningún nuevo ángel pasó entonces por su vida. Arcoiris acabó sentenciado a 17 años de prisión. El calabozo solo era para él como estar en casa de su padre, pero a sus cuarenta años de edad….

El miedo de hizo llorar por primera vez.

La venganza es dulce y no engorda.

Alfred Hitchcock

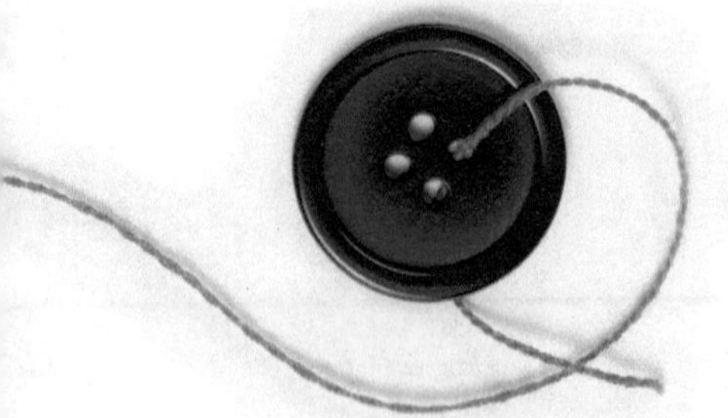

Piero Y Catalina – La Venganza

La gente no suele ver todo lo que le rodea aunque lo tenga delante, le dijo su marido. Así de fácil le parecía a Piero que podía ser la venganza que preparaban contra la hermana de Catherine.

- No debes preocuparte. No será difícil pero nos llevará algún tiempo, prepárate, deberás parecer fea y desgraciada.

Catherine era hija de un militar francés y una bailarina balinesa hermosa como Saraswati, la bella diosa hindú que toca la cítara sobre una flor de loto y representa la creatividad las artes y la música.

Su madre se llamaba Mei y murió ahogada porque no sabía nadar, o al menos esa era la versión oficial. Según cuenta la leyenda fue lanzada al mar por su padre pero era un secreto a voces que en realidad la hizo encerrar en prisión bajo un nombre falso debido a los celos, su hermosura le cegaba.

La vida de Catherine no fue en absoluto fácil con un padre militar que la tenía siempre a sus órdenes, y no solamente como su hija, adoraba aquel cuerpo joven y esbelto tanto como al de la esposa que tiró al mar.

De ese tirano con uniforme se escapó dos veces y acabó en un hospital francés donde la recuperaron de una gastroenteritis aguda que se la quería llevar al otro lado de la vida: la muerte.

Cuando ya había salido de la gravedad, la enfermera jefe llamó a la policía; la chica no tenía documentación pero decía que era española, así que la entregarían a la Embajada de España para que se hicieran cargo de ella.

Pero un ángel pasó por su vida

Trabajaba allí un celador italiano, atendía al nombre de Piero. Había llegado al hospital en circunstancias parecidas a las de Catherine pero con una pierna y tres costillas rotas a causa de una somanta que le atizaron en una pelea.

Piero sí tenía pasaporte. Era estudiante universitario de Nutrición y Dietética y le convencieron unos amigos del Campus para escaparse a correr una juerga. La noche fue divertida pero acabaron chocando con unos marineros ebrios que les atizaron de lo lindo, por esa razón fue a parar al North Hospital AP – HM de Marsella.

El director del hospital se apiadó de él y le contrató de celador, así podía pagarse un pequeño apartamento lejos de sus facinerosos amigos y a la vez hacer pequeñas prácticas relacionadas con sus estudios universitarios.

Piero no había sido siempre un estudiante modelo. De pequeño le diagnosticaron TDA.

Por si no sabes de qué hablo se trata de un Trastorno de Atención, o en realidad de falta de atención. Se caracteriza por ser impulsivos, distraerse fácilmente y tener disconformidad en aceptar las normas.

Su madre, a la que su marido abandonó, nunca hablaba con él, le chillaba. Todo lo malo habido y por haber en la vida de esa mujer era – según ella – culpa de su hijo.

El mismo día de su 18 cumpleaños abandonó su casa y se trasladó a Marsella, no podía soportar tanta culpabilidad. Su madre nunca le buscó lo cual le provocó más inseguridad y llegó a intentar suicidarse.

Subido a uno de los muros del Fuerte de San Nicolás miraba el mar, cada ola le parecía una llamada a lanzarse al vacío. Un gendarme le agarró por el pescuezo y le metió en un calabozo donde le visitó el psiquiatra de la Gendarmerie.

Ese buen médico le acogió un par de meses en su casa hasta convencerle de la realidad: él no era culpable de nada. Su trastorno era debido a que su madre no sabía cómo sobrellevar el abandono y se hacía la Victima. Las culpas para otro.

Le dio el alta y le pagó el primer curso de la carrera con una recomendación para el rector de la Universidad - un amigo de juventud - le pedía por favor que le diera cobijo en el campus pues creía que sería un buen estudiante.

- A partir de ahora tendrás que espabilar, tengo más chicos que salvar, le dijo.

Y así fue como llegó a universitario.

Cuando Piero vio a Catherine por primera vez recordó lo que su madre siempre le decía:

La gente no suele ver todo lo que le rodea aunque lo tenga delante.

Esa frase se la dedicaba a ella misma pues nunca se percató que su marido se entendía de maravilla

con la vecina del tercero, una señora por la que la abandonó. Ella nunca supo asimilar este vacío en su vida y le fue mucho más fácil achacarlo al síndrome de TDA que padecía su único hijo.

Para ser sinceros las cosas eran exactamente al revés: el niño cayó en el TDA porque su madre le culpaba de todo.

Cuando Piero vio a Catherine se dio cuenta de la belleza de esa mujer incluso bajo su estado de desnutrición.

Los médicos intentaban recuperarla pero él la observaba de lejos, también de cerca cuando se terciaba. A veces de noche le llevaba caldos que hacía para ella, estudiaba nutrición, ¿recuerdas? Y de esta manera contribuía a su recuperación.

Cuando ya tuvo fuerzas para andar la enfermera jefe mandó llamar a la policía para que la acompañaran a la Embajada española; sin embargo, Piero no podía permitir que aquello pasara. Miraba a Catherine y veía el miedo en su cara. En realidad era mucho más que miedo, su cuerpo temblaba en pleno verano y sus ojos pedían ayuda desesperadamente.

- Toma niña, un billete a Girona y 200 euros, de noche no miran documentaciones. Sé que mientes y debes estar escapando, a mí me ocurrió también y un ángel me ayudó, voy a devolver el favor.

- Gracias… ¿podré volver a verte?

- Vete ya, están a punto de llegar.

- ¡Pero necesito volver a verte! Eres la única persona que me ha ayudado en mi vida.

- Hay un pueblo pequeño en Girona, Torrevella, allí puedes encontrar la paz, está cerca del mar. Yo debo terminar mis estudios.

- ¿Vendrás a buscarme?

- Quizá… tú recupérate.

- Allí te esperaré, no me falles.

- ¿Cuánto tiempo crees que podrás esperar?

- El que haga falta.

De ese modo se despidieron sin ni siquiera un beso pero sabiendo que estaban destinados a reencontrarse.

Las cosas NUNCA suceden por casualidad.

Catherine llegó a Girona al día siguiente y buscó una pensión, estaba todavía convaleciente y necesitaba dormir. Y durmió tranquila unas doce horas, lo nunca visto en ella, así de grande era su nuevo y descubierto estado de tranquilidad.

Al despertar decidió que tenía que cambiar su vida por completo para que ningún militar alertado por su padre la pudiera volver a encontrar. También pensó que el dinero le duraría dos días como mucho y necesitaba ingresos que no podían venir a través de su bella voz, era peligroso. Se sentó en un banco del parque central y dispuso un plan.

Para sobrevivir basta con trabajar pero para vivir bien es necesario actuar.

El empleo que casi nadie quiere por vocación pero que suele ser solicitado cuando tienes necesidad económica es el de "**Quelí**". Se llaman "*quelis*" las empleadas de la limpieza:

La **(que li)** mpia

Pagó una pequeña cantidad por utilizar un PC con conexión a Internet y encontró siete empresas en Girona especializadas en Servicios de limpieza a domicilio. Sacó un mapa impreso con las direcciones y se dirigió a su pensión.

Su pequeña maleta no contenía gran cosa pero una de ellas era especialmente querida para ella, se trataba de un pantalón tejano, más ajado que viejo, que había pertenecido a su madre y se lo entregaron cuando recibió el anuncio de su muerte. En el bolsillo trasero encontró una carta:

"*Mi querida hijita:*

No debes sufrir con mi muerte, yo ahora estoy con mis dioses y soy feliz, sin embargo deseo prevenirte de tu padre.

Su carrera militar le ha hecho creer que todos somos sus soldados en formación profesional a base de castigos, aunque yo estoy segura que sólo nos ha mostrado su lado más oscuro.

Encontré entre sus cosas una carta, la que leerás a continuación. En ella ese hombre malicioso se revela como el ser enamorado y generoso que nosotras nunca pudimos ver.

Escapa de él mientras puedas y vivirás. Tú tienes mi belleza y su fuerza, podrás hacerlo.

Reinvéntate

Si te ves perdida busca a tu hermana. Has oído bien, tienes una hermana en España.

Si el lado oscuro de tu padre lo mostraba con nosotras el lado brillante seguro que estaba en esa familia de la que no supimos nada hasta que yo encontré la carta que le mandó su otra hija, ahora en tu poder.

Cuando tu perverso padre muera busca a tu hermana, es la única familia que te queda, ella seguro que te acoge y espero que a su lado encuentres la felicidad que no tuviste con nosotros.

Te amo mi hijita".

Mei.

Estas últimas palabras de su madre ya no la hacían llorar, las había memorizado tiempo atrás y se dijo a sí misma que cumpliría con el deseo de su madre. Desdobló a continuación el otro papel de color de las peonías que aún conservaba cierto aroma a rosas.

"Querido papi:

Muchas gracias por los juguetes que me has mandado por mi cumpleaños, las muñecas son preciosas.

Dice mami que el nuevo vestido de Karl Lagerfeld le sienta muy bien y que esperará a estrenarlo cuando llegues, parece una princesa con él.

Vuelve pronto papi, te quiero mucho.

Aída".

En el reverso del sobre una dirección del remitente:

Rte.: Aida Romero

Calle de la Muralla, 23, Ático

18808 – Girona

Se quedó en silencio mirando el papel, ese no podía ser el mismo hombre que ella conoció como padre.

Se puso ese tejano viejo y una camiseta que Piero le dejó cuando llegó al hospital, parecía que le hubiera caído del cielo una prenda de gigante. Se desmaquilló. Se recogió el pelo negro y ondulado en una trenza deshilachada. Ensució sus zapatillas deportivas y salió en busca de trabajo. A la primera oportunidad la aceptaron, empezaba al día siguiente.

Al mes y con el primer sueldo se buscó una habitación en un piso compartido junto con dos compañeras de su empresa:

- Puedes venir a casa, tenemos una habitación libre y te podrás quedar el piso cuando nos vayamos, no esperaremos mucho, queremos volver a casa.

Cuando acababa sus labores solía pasar por esa dirección que había en el sobre de su hermana para verla entrar, le fascinaba su estampa de mujer satisfecha, siempre vestida a la última, parecía una persona feliz.

En varias ocasiones intentó acercarse pero al cruzar sus miradas le pareció que la veía como a una "**Queli**", una "*inferior*".

Ese martes se llenó de valentía y se le acercó:

- Perdona, ¿puedes decirme donde está la calle Cervantes? No soy de aquí y….

- ¡Déjame pasar, aparta! Tengo prisa.

Pues mira que bien, habrá que pensar en otra cosa.

La siguió varias tardes sigilosa como un gato y la vio entrar dos veces por semana en una tienda/taller de costura, Casa Alba. Y se apuntó al mismo curso que su desconocida hermana.

Aída ni se fijó en ella. En realidad se mostraba fastidiada al tener que sentarse a su lado. Su "*maravillosa*" hermana era en realidad un EgoístaEgólatra y Egocéntrica.

Ahí queda eso.

A todo esto iba mandando correos al North Hospital AP – HM de Marsella, a la atención de Piero que tardaba segundos en contestar, tenían que encontrarse pronto, la Universidad acabaría en dos semanas. Acabó los estudios con menclón de honor como vaticinó aquel médico que le salvó la vida.

Durante el último curso Piero había estado haciendo prácticas en una empresa del ramo alimentario que vendían máquinas de café. Le propusieron formar parte de la plantilla con contrato fijo, coche y tarjeta Visa de empresa, con una única condición: tenía que establecerse en Girona, desde allí coordinaban España. ¿Casualidad?

Cuando Piero y Catherine se reencontraron sabían que unirían sus vidas y así lo hicieron, creían conocerse de sus vidas pasadas. Se casaron en el juzgado.

Catherine le contó a su esposo cómo era aquella hermana suya que según su madre la acogería, era una déspota insufrible con aires de marquesa que se creía superior a cualquier ser terrenal. Creía que los malos tratos de su padre eran lo peor hasta que sufrió en sus carnes los desprecios de su hermana.

- Mira Cat, ella no se merece una hermana como tú, olvídala.

- ¡No puedo! Le prometí a mi madre que la encontraría y seríamos una familia.

- Ella no te quiere por familia, para ella no eres nadie…

- Pues se va a enterar, no permitiré que me trate como lo hizo nuestro padre.

Para colmo de las casualidades, sus dos compañeras de piso limpiaban la mansión de Aída cada mañana y conocían cada centímetro de su casa. Sabían que ahorraba para comprarse un coche, las joyas que tenía sobre la cómoda de su habitación y existía un armario repleto de vestidos maravillosos que nunca se ponía.

- Piero, no quisiera hacerle daño, solamente asustarla un poco, así no puede ser feliz.

- Pues la asustaremos, dijo Piero.

El plan era que sus dos amigas le robarían las joyas, el dinero y los vestidos para devolverlos después.

A su vez, Piero la cortejaría hasta dejarla en blanco en el último momento, así se daría cuenta que las cosas no son lo más importante en la vida y que sin amor esa misma vida es un asco. Al final le devolverían todo y destaparían su jugada, quizá así podría ganar una hermana.

Catherine se hizo pasar por Aída cuando llamó a la empresa para anular el contrato de limpieza. Sus dos amigas se despidieron del trabajo aduciendo que volvían a su país y así era en cierto modo, solo que iban a tardar unas dos semanas en marcharse. Mientras seguían limpiando en casa de Aída sin que nadie se diera cuenta que todo aquello era ya puro plan.

Mientras, Aída seguía fastidiada por la voz de pito que Catalina fingía y que le resonaba en sus oídos cada vez que iba al taller de Alba.

Cuando todo estaba a punto empezó lo bueno. Esa mañana las amigas limpiaron de nuevo el piso de Aída pero esta vez de dinero y joyas. Cuando pensaban en llevarse los vestidos una vecina llamó a la puerta creyendo oír ruidos:

- Si, señora, somos nosotras como cada día, hoy hemos tenido que vaciar armarios, por esa razón hemos hecho más ruido.

- Vaya con la Sra., nos ha fastidiado el plan, tendremos que volver…

El mismo día, en la calle, Piero esperaba escondido en el portal a que Aída saliera de la agencia de viajes, sabía que pediría un taxi para regresar a casa como hacía cuando el tiempo amenazaba tormenta. Así lo hizo.

Cuando ella levantó· la mano otra figura hacía lo propio detrás de ella.

- Perdón, el taxi es mío, dijo Aida.

- ¡Yo levante la mano primero!

- Mira guapito, esto no es la típica película de dos almas gemelas que se encuentran buscando un taxi, este taxi es mío, tendrás que espabilar.

Y sin pensarlo un segundo subió y cerró la puerta dejando al pobre hombre agitando los brazos a la lluvia.

Su plan iba viento en popa.

Al día siguiente Piero se plantó en la agencia casi a la hora de cerrar buscando un billete de avión, tenía que parecer enfadado al principio y gracioso al final. Tendría que invitarla a cenar pero el resultado valdría la pena. Todo salió a pedir de boca.

Catherine le esperó despierta, también sus dos amigas. Con Piero todo iba bien pero tendrían que volver al piso a recoger los vestidos, aquel intento fallido alargaría el proyecto pero valía la pena.

Decidieron volver a probar cuando pasara el alboroto del robo, sabrían exactamente cuándo sería ya que Catherine seguía trabajando en la empresa de limpieza para no despertar sospechas.

El día que Aída llamó para contratar de nuevo sus servicios su hermana estaba allí ofreciéndose a acudir en su ayuda. La empresa aceptó y le dijo cual era la dirección. Ese sería un buen día.

Ya en el taxi Catherine llamó al taller de Alba para excusarse, no se encontraba bien, esa tarde faltaría a clase.

Cuando Aida regresó al piso se encontraron cara a cara, estaba preparado así, Aída caería en la trampa. Le pediría a la que ella conocía como Catalina que fuera su "*mujer de hacer faenas*". La conocía del taller, confiaría en ella.

Mientras, Piero "regresaría" a la ciudad y la volvería a invitar a cenar para distraerla. Pero sobre todo para embelesarla, quería que su mente estuviera lejos allí. Por mucho empeño que puso nuestro héroe en besar y amar a esa princesa egipcia no tuvo valor de follarla, eso era único que se podía hacer con semejante estúpida egoísta, así que le dijo que estaba casado y huyó de allí como alma que lleva el diablo. Esa parte del plan era lamejor, dejarla a medias.

Y seguirían adelante.

Aída llegó al taller Alba y se alegró de no encontrar esa voz de pito de feria a su lado.

- Mejor, se dijo a sí misma, ya solo me faltaba ella con la movida nocturna que tuve que aguantar anoche.

Cuando llegó de nuevo a su casa eran las diez de la noche y el portero ya estaba cerrando:

- ¡Ah! Señorita Aida, su empleada doméstica se fue hace poco, me ha dejado este sobre para Ud.

- Muchas gracias, ¿algo más?

- No…, bueno, ha dicho que pasará mañana por el tinte como Ud. le ha pedido.

Y se fue sin más.

¿El tinte? ¿Qué tinte?

Al llegar arriba y encontrarse la puerta abierta se le abrió también su mente, estaba a punto de comprender la terrible desgracia que le esperaba.

¡Oh no! Mis vestidos…

Y sobre la mesa una carta:

"Mi quería Aida:

O debería decir mi querida "estúpida ególatra".

Como ya habrás adivinado tus fabulosos vestidos no están, ahora mismo son míos.

La primera vez que entramos en tu casa nos dimos cuenta de esa magnífica colección, tú misma hablaste de ella en una carta que mandaste a tu padre cuando tenías nueve años.

He pasado diez meses malcosiendo y limpiando con el único objetivo de llegar hasta ti, sé que tu padre era un militar francés y tu madre una hija de la burguesía catalana.

Tú en cambio no tienes ni idea que tu padre tenía más familias, una de ellas con mi madre, en Bali.

¡Exacto! Somos hermanas.

Aida fue feliz porque recibía todo el cariño de su padre.

A Catherine y a su madre solo les llegaban abusos y maltratos.

Cuando mi madre murió me dejó su pantalón de la cárcel, el tejano que me has visto puesto todo este tiempo. En el bolsillo una carta tuya a papá. Mi madre me dijo que te buscara, que mi hermana se cuidaría de mí, que seríamos una familia.

Cuando llegué al hospital casi muerta un ángel me dio un billete de tren y 200 euros para que pudiera huir. Así lo hice.

Encontré trabajo de limpieza y alquilé una habitación con la idea de localizarte pero a quien encontré fue una estúpida esclavizada por el EGO, nunca me acogerías.

Adelgacé, dejé de cuidarme el pelo, cambié mi voz para el mundo y me vendaba los pechos para que no sobresalieran de aquella camiseta vieja y raída. Conociste a Catalina.

Cuando mi plan estaba a punto llegó aquel ángel que me ayudó en Francia, es italiano, tú le conoces, en realidad se llama Piero y es mi marido. Él NUNCA me engañaría con una presuntuosa como tú.

Tuviste todo en este mundo y no supiste apreciarlo, ahora yo tengo lo que le correspondería a mi madre, unos vestidos maravillosos con los que ella hubiera tenido que bailar. Y así sabrás lo que se siente cuando te quitan lo que más amas.

No pierdas el tiempo buscándome, sabemos cómo y dónde escondernos, perderás tiempo y más dinero si lo haces.

Hasta nunca querida hermana.

¡Ah!, recuerdos de Piero, a él le encanta hacer trampas.

Pasaron siete meses y Aida apareció de nuevo por el taller de Alba.

- ¡Cielo santo! ¿de verdad eres tú? Dijo Alba.

- Alba, me di cuenta que la felicidad no está en las posesiones sino en el amor que sientes por tu familia. Yo no tengo familia. O no tenía…, ahora sé que mi hermana me odia.

- No te has enterado de lo que pasó en París ¿verdad?.

- *¿En París?*

- *Alguien anónimo mandó un baúl lleno de vestidos maravillosos de Givenchi y Karl Lagerfeld al museo del vestido. Nunca se supo quien fue.*

- *¿Mis vestidos?*

- *Pues eso creo si…., puedes demostrar que son tuyos si quieres recuperarlos.*

- *Gracias Alba pero no. Yo solamente los veía como una colección de buenas telas bien cosidas que valían una pasta. Ahora pienso que son obras de arte que el mundo no puede perderse, están bien donde están.*

La egolatría es la fuente de todas las miserias.

Thomas Carlyle.

Aida volvió a su agencia de viajes pero era una nueva mujer, había aprendido que el EGO no es buen consejero. El buen trato a los clientes fue el motivo por el cual su jefe la promocionó a directora de sucursal.

Catherine y Piero se fueron a vivir a París. Ella recuperó fácilmente su figura y su voz y cantaba en los mejores locales de Francia, fue la sensación de aquel invierno en la capital del amor. Piero abrió un gabinete de medicina alternativa y se dedicó a ayudar a personas anoréxicas.

¿Te gustaría saber más? Espera al tercer libro.

Es un hombre de una arrogancia asombrosa. Es el clásico hombre inteligente que en realidad no es brillante y debe convencer al mundo de que sí lo es.

James Ellroy.

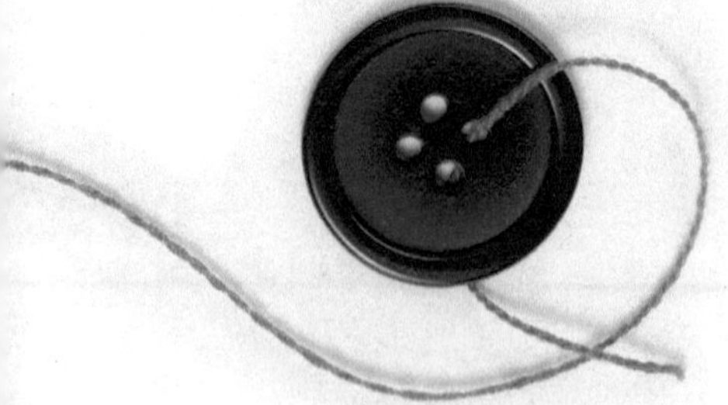

Ángel – La Arrogancia

Alba le hizo sitio en su armario y en su vida a ese ángel que cayó del cielo. Creía que la suerte le sonreía de nuevo pero era exactamente lo contrario, le dejó entrar sin percatarse que todo en él eran preguntas trampa.

Como dije antes, Ángel era exactamente un ángel. O al menos lo parecía.

Era hijo de una actriz argentina de ojos color miel llamada Perla. No solamente actriz, la madre era una gran actriz aunque no muy conocida, su supuesta dulzura era una actitud perfectamente estudiada.

En realidad no creía que el mundo la hubiera tratado con la justicia que merecía por sus dotes teatrales; mujeres estúpidas que no sabían actuar habían llegado al estrellato sin demasiado esfuerzo y ella pensaba que era por sus dotes nocturnas y no artísticas.

El padre era director de compañía teatral. Era un catalán íntegro de la cabeza a los pies. Si conocías a los dos no entendías el porqué de esa pareja pero habían encajado con los años, con los años y con las costumbres, ya que se casaron en los años cincuenta y no se estilaban los divorcios.

Dotado de una paciencia descomunal, Ángel padre enseñaba a sus hijos la belleza de poder ser miles de personajes en su vida sin necesidad de recibir castigos al ser malvados, aunque tampoco recibían premios cuando se convertían en santos.

Esa pareja artística se instaló en Argentina y su vida era la de un matrimonio normal con dos hijos: trabajo, niños, vacaciones, tiempos de éxitos y de menos éxitos, pero fueron prosperando.

En 1970 se trasladaron a Chile por trabajo y establecieron su vida en Valparaíso, a solo 127 Km. de la capital.

Cuando Ángel cumplió los dieciséis y acabado el colegio, sus padres le mandaron a Santiago de Chile para que pudiera cursar sus estudios universitarios.

Allí se matriculó en veterinaria para disgusto de su madre que le veía como un actor de Oscar y con el beneplácito de su padre que deseaba que fuera feliz en su vida y en su trabajo siendo lo que quisiera ser.

Ángel era resultón y había heredado la dulzura hipócrita de su madre lo que le hacía apetecible a las chicas universitarias liberales. También a las madres de las chicas universitarias liberales. Con la pensión más que "razonable" que le mandaban desde casa todavía más apetecible era nuestro universitario.

Allí conoció a la que sería su mujer, Valentina, una chica muy bien en todos los aspectos. Alta, rubia, bien proporcionada y de familia bienestante; se encapricharon mutuamente creyendo que aquello era amor.

No mucho amor debía haber cuando estalló la noticia que Ángel se beneficiaba a la madre de Valentina y a las amigas de la madre - todas ellas ignorantes las unas de las otras de lo que pasaba - pero salió al escenario de la vida su escondida faceta de actor y consiguió convencer a todo Dios que había sido un desliz por la promiscuidad de las féminas cuarentonas y no por su mala cabeza. Valentina le perdonó y siguieron con su relación supuestamente amorosa.

Por esa época estaba metido de lleno en sus estudios. No solamente los de veterinaria, también en las reuniones clandestinas de las Juventudes Comunistas, eran los años de la dictadura militar y los movimientos estudiantiles. Junto a radicales socialistas y comunistas, se constituyeron en la Federación de Estudiantes Secundarios de Santiago.

A nuestro héroe le gustaba caminar por el filo entre el cielo y la tierra y por esa razón sacaba buenas notas en la Universidad y destacaba entre aquel grupo de disidentes.

Más por vanidad que por principios solía ser de lo más activo en las revueltas lo que le llevó a destacar y, como era alto y corpulento no tardó en ser nombrado guardaespaldas de un mando intermedio de la Unidad Popular que fue perseguido y aislado antes de llegar a su reunión. Nuestro héroe logró escapar y le refugiaron en casa de su novia, ya que a los allegados al régimen no les solían molestar.

Avisaron a los padres de Ángel que debían poner tierra por medio si no querían ver a su hijo encarcelado. El padre, con el buen tino que le caracterizaba, le dijo que se tenía que desplazar a Catalunya a terminar los estudios.

Como Valentina lloraba y lloraba por tener que perder a su novio, la futura suegra de Ángel organizó una boda espectacular para poder quitarse de encima aquel desliz y creyó que pagando la felicidad de su hija quedaría perdonada a los ojos de su marido, de su hija y de Dios por los siglos de los siglos amén.

La boda se celebró en Laguna Verde, pueblo cercano a Valparaíso donde residían los Ángeles y las Perlas, en un entorno natural de belleza y tranquilidad que pareció muy adecuado. Mejor lejos de Santiago.

La misma tarde de la boda los novios se subían a un avión con destino a Barcelona con escala en Madrid con la excusa de la luna de miel.

Se dirigían de viaje de novios a España para conocer a la familia paterna de Ángel a la que sólo habían visto en foto. Al mes de la boda los consuegros anunciaron a sus respectivos amigos que sus vástagos se quedarían a terminar los estudios en la Universidad Autónoma de Barcelona. Problema resuelto.

Se instalaron en un apartamento al lado del mar muy cerca de la capital barcelonesa propiedad del padre de Ángel que había comprado soñando en poder pasar la jubilación en su querida Catalunya natal.

Pasaron los años, acabaron las carreras, tuvieron dos hijos y se pelearon a matar cada día desde que empezaron su vida en común.

Ángel era el clon de su madre en cuanto a dotes artísticas y seguía encandilando en el trabajo a sus empleadas y las madres de estas, que no ponían trabas a endulzarle la vida lejos de su familia y de su Chile querido.

Por su parte, Valentina no había perdido las aspiraciones de princesa que sus padres le inculcaron y culpaba a su marido de no poder atender todos sus caprichos en este semiencarcelamiento español.

Poco a poco se fueron dando cuenta que no tenían nada en común y que sus vidas eran más satisfactorias si eran dobles, es decir: una vida familiar en casa con sus hijos y otra extraconyugal con sus aventuras y escapadas diurnas y nocturnas. Hasta de acuerdo se ponían en los días que salían para no tener que dejar a los niños con canguros.

En una de esas salidas de un aburrido sábado por la tarde deambulando para alejarse de la aburrida vida familiar Ángel conoció a una cuarentona bajita y graciosa, nada del otro mundo, siete años mayor que él – siempre buscando mamás – con la que empezó a salir habitualmente.

Inesperadamente aquella mujer le hizo pensar que había llegado el momento de sentar cabeza. Su inspiración se llamaba Alba.

La relación siguió viento en popa para sorpresa de ambos durante casi dos años. Justo entonces se sentaron a dialogar pensando que quizá sería bueno reconducir sus desastradas vidas anteriores de parejas y tener la oportunidad de ser felices, los dos se lo merecían.

Alba y Ángel se instalaron en casa de ella, la de él tenía que quedar para Valentina como domicilio familiar para sus hijos.

Como te expliqué sobre Alba en el capítulo del libro "12 Heroínas", la felicidad conjunta sólo duró un mes. A partir de ahí Ángel pasó de príncipe azul a sapo peludo, dejó su trabajo, giró su mirada hacia Lucifer y se convirtió en un demonio, un demonio arrogante, lo que siempre había sido disfrazado de dulce actor.

En esa nueva relación se reveló lo que realmente era en su interior, un hijo de su madre en la más literal de las definiciones. Todas las enseñanzas de su padre, un hombre cabal e integro como pocos, le habían sujetado su carácter como las bridas sujetaban las cabezas de los caballos, pero ahora ya no era el mismo, y su padre estaba lejos.

Nadie que le conociera le miraba ya: ni Ángel padre, ni Perla madre, ni Valentina esposa.

Ahora podía ser él mismo con Alba. Y lo fue.

Al verse como cabeza de una familia nueva sin corsés, la vanidad y la rebeldía que tuvo que reprimir en su juventud salió a la luz, concentrada y densa, haciendo la vida imposible a aquella mujer que había creído en el.

Alba a su vez, agachaba la cabeza para que sus hijos no salieran peor parados de lo razonable aunque ese malvado juego la llevara a ella a perderlos.

Desarrolló una dependencia emocional galopante cuya única misión tenía por objeto no morir ante semejante intolerancia y conseguir que sus hijos crecieran y pudieran salir de allí sin grandes males. Aunque ellos no entendieran nada.

Por su parte, Ángel seguía en sus trece demostrando aquella cualidad tan negativa que hace perder la capacidad de valorar a los demás para tratarlos como seres inferiores a él.

Nunca supo lo que pasó ni por qué pasó que su esclava Alba reaccionara haciéndole aquella jugarreta en forma de abogado que consiguió mandarle a paseo, solo recordaba que la había visto llorar por un antiguo chofer que la llevaba al colegio cuando era pequeña, una auténtica estupidez.

- Estoy triste Ángel, escúchame…

- Tengo mejores cosas que hacer que perder el tiempo escuchándote.

Y Alba le mató sentimentalmente hablando.

Aquello fue un punto de quiebre pero solamente para ella que dinamitó su relación con ese diablo sin decirle nada.

A raíz de todo esto Ángel se vio en la calle.

Era ya un incipiente cincuentón y por primera vez estaba solo, sin su madre y sin sus madres, esas que le acogían de vez en cuando. Ya no era un joven de buena presencia con los casi cien quilos que había acumulado gracias a comer cuanto quería y a la arrogancia que tanto engordaba su EGO.

También era un ciego. Es lo que ocurre cuando crees que sabes más que nadie y mejor que nadie qué necesitan los demás, cuando eres una especie de gobernante de las vidas ajenas, cuando la petulancia te hace un monstruo autoritario.

No, no tenía nada de lo que quería tener ni de lo que se creía con derecho a tener.

Y su arrogancia estaba hecha añicos.

Se colocó de vendedor en una empresa de alimentos para animales porque nunca pudo completar su sueño de tener una clínica veterinaria y no podía hacer otra cosa que trabajar.

Al entrar en aquella tienda de animales la secretaria le hizo esperar y no estaba acostumbrado a que le dieran órdenes.

- Siéntese aquí, un momento.

- Vale pero tengo algo de prisa…

- Ya. Tendrá que esperar. ¿Quiere un café?

- No, lo que quiero es que me atiendan, han llamado Uds. a mi empresa, no tengo mucho tiempo, tengo otra visita.

- Si, ya entiendo, dijo la secretaria.

Pero seguiría esperando, había una urgencia de un cachorro y no podían atenderle de inmediato.

- Disculpe…, le dijo la secretaria al verle intranquilo.

- Dígame.

- No debería esforzarse Ud. tanto.

- ¿Qué quiere decir?

- Las cosas son tan complicadas como uno quiere que sean. Si está a disgusto puede concertar una nueva visita, marcharse o esperar, pero no es bueno ponerse de mal humor por esperar cuando las circunstancias lo requieren.

- ¿Es Ud. psiquiatra?

- No. Pero quizá Ud. necesite uno. De buen rollo, claro…

Y sin mediar palabra entró en la consulta y le dejó allí.

A los diez minutos salió el veterinario con un perrito medio dormido y una pata vendada en cabestrillo. Le dio a su dueña una receta y la forma de administrar los medicamentos a ese cachorro desvalido y miró a Ángel con semblante serio.

- Buenos días, dice mi secretaria que está Ud. impaciente…

- Bueno, habíamos quedado hace treinta y cinco minutos y tengo otra vis…

- Puede Ud. hacerla sin tardanza, no necesitamos sus productos, nosotros priorizamos las urgencias de los animales a sus disgustos. Buenos días.

Al salir de allí anuló la visita siguiente y las del día posterior, aquello no era para el. Sentado en la terraza de un bar iba mirando los anuncios del periódico en busca de algo mejor cuando se le acercó una chica morena de pelo corto:

- ¡Hola! Verás, no hay mesas y tengo prisa ¿podría sentarme aquí? Tengo que comer algo rápido y volver al trabajo.

- ¡Naturalmente que sí! Adelante, dijo el recuperado y dulce actor de antaño.

- ¿Está interesante el periódico?

- Lo que yo miro para nada, no hay nada que me interese…

- ¿Buscas trabajo? Yo creía que a tu edad los hombres ya tenían claro lo de trabajar y eso…

- Y lo tengo claro, por eso no lo encuentro, no me quieren contratar porque tengo demasiado curriculum.

- ¡Qué putada! A mí me decían lo contrario, que no tenía experiencia. Pero tengo una ventaja que tú no tienes…

- ¿Cuál es?

- Me puse una minifalda y como sois tan tontos los cincuentones mi jefe cayó en la trampa. Miraba más mis piernas que mi carta de recomendación y me contrató al instante. Tampoco es que mi trabajo requiera muchos estudios, solo tengo que abrir la puerta, hago fotocopias, preparo café….

- Y me dices a mí que soy tonto ¿no? ¿no serás tú la tonta? Quizá podrías hacer algo más positivo en la vida.

- ¡Anda ya el filósofo!

- Vale niña, come y calla.

Sin saber porqué, Ángel volvió a aquel café al día siguiente. En realidad su mente y su pene sabían muy bien porqué, aquella muchacha descarada había llamado su atención.

Se sentó con el periódico en mano haciéndose el interesante, esa pose que tan buenos resultados le daba tiempo atrás con las "*madres*".

Y ¡Bingo! Apareció la niña a los diez minutos.

- Bueno bueno, a quien tenemos aquí otra vez.

- ¿Otra vez tú? Dijo haciéndose el interesante.

- No me vengas con que esto es una casualidad, las chicas de hoy en día, las que somos un poco cortitas, enseguida nos damos cuenta de lo que queréis los maduros como tú.

- ¿A sí? ¿Y qué quiero yo?

-   Pues tu mente es para mí como el papel celofán, liso y transparente. Follarme, claro.

-   Bien, monada, has acertado.

-   Pues ven conmigo, para qué esperar más….

Ángel no podía creer la buena suerte que tenía, aquella veinteañera era lo que vulgarmente se dice un oasis en el desierto, o un salvavidas en un naufragio, o una lotería en la pobreza. Alegre y dispuesta siempre a darle caña se dejó engatusar y se trasladó a su piso, así no tendría que pagar alquiler.

La embaucadora alegre se llamaba Desiré, mira por dónde.

A Desiré no le importaba mucho que su amante no tuviera trabajo fijo, ella le quería para pasarlo bien y no tener que preocuparse por buscar fuera el placer que necesitaba. Con Ángel estaba segura que no tendría problemas de VIH ni cosas raras que pudieran enfermarla, esa era su meta en la relación.

Pero el tiempo paso y la pasión también.

No era una chica tontita la que le engatusó sino una genuina maltratadora psicológica. La muchacha deseosa empezó a protestar por no tener del todo cubiertas sus necesidades y le tiraba en cara su vagancia:

-   Ya que no haces nada en todo el día podrías hacerme la cena ¿no te parece?

-   ¿Cuánto dinero te has gastado con este vino?

-   ¿Tienes que vestirte así por casa?

-   ¿Otra vez jugando con el móvil?

- El domingo iremos al cine, no quiero pasear por las Ramblas, solo hay flores.

- Siempre te quejas por vicio, para ya con tus tonterías.

- No sé donde estarías ahora si no fuera por mi…., tienes mucha suerte de que te quiera.

- Tus hijos que no vengan esta semana, necesitamos estar solos, nos vemos poco.

- Lo que haces no es importante….

- No sabes hacer nada bien….

Hasta aquel sábado:

- ¿Otra vez viendo el futbol? Trae el mando, pondremos la película.

- ¡Yo quiero ver el futbol

- Pues te aguantas, estas en mi casa, si no te gusta te puedes ir. Mejor dicho: ya te estás largando, solo eres un parásito viejo y gordo.

A ángel le había llegado su escarmiento. Aquella muchacha morena de pelo corto no era para nada sumisa, al contrario, era una arrogante altanera y desdeñosa que no temía a nada ni a nadie.

Y se fue como había llegado meses antes pero con la cabeza baja.

En realidad aquella joven morena le vació el depósito de la autoestima, le apartó de la poca familia que tenía, le trataba como si fuera su madre y nunca le preguntaba a la hora de tomar decisiones.

El guapo, dulce y rebelde actor despedido de la vida de Desiré de un plumazo.

Visto lo visto, Ángel no tuvo más remedio que llamar a sus padres para pedir ayuda, necesitaba dinero para alquilar un piso y mantenerse hasta encontrar algún empleo, lo cual era ya difícil a su edad.

Dicen que cuando la vida te cierra las puertas Dios te abre una ventana y la ventana que se abrió ante sus narices fue una portería de discoteca de la ciudad. Necesitaban personas antipáticas y corpulentas para evitar que entrara cualquier indeseable y evitara las peleas de los ebrios y los buscarazones.

Allí acabo nuestro héroe y su Arrogancia, vetando la entrada a indeseables como él.

Ángel nunca supo identificar las señales sutiles que le mandaba la vida para reconocer su carácter petulante y engreído. Siempre pensó que la culpa de todas sus desgracias radicaba en las mujeres a las que creyó amar, que no querían escucharle, que eran rebeldes e insumisas.

Manipuló, despreció, mintió, maltrató y se creyó la víctima.

Con el tiempo y la madurez quizá algún día ese demonio con nombre celestial pueda conseguir pasar de su mundo insensible imaginario al real.

Quizá gradualmente pueda regenerarse y, dejar de ser un monstruo y transformarse en hombre.

Quizá, ya veremos….

LA ARROGANCIA ES EL MIEDO DISFRAZADO.

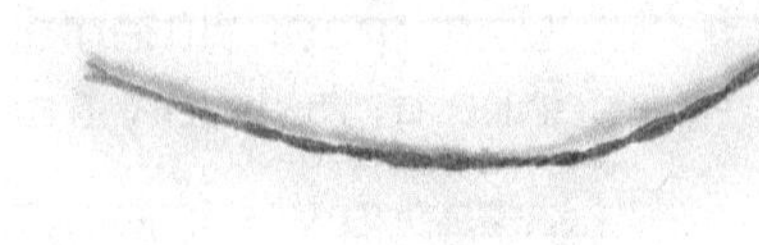

Nada dura para siempre, todo en la vida es aprendizaje, todo en la vida está en seguir adelante.

El Principito.

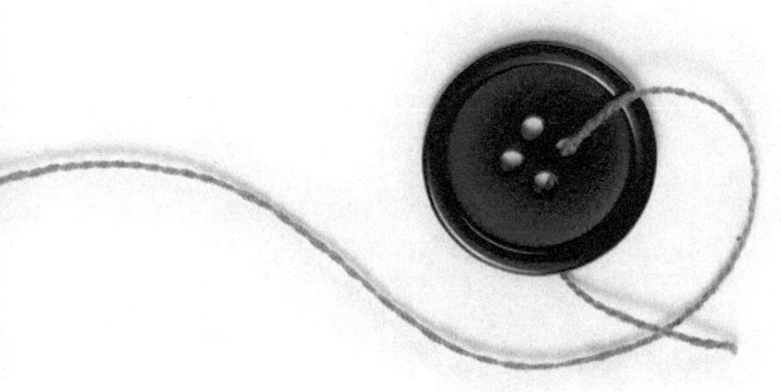

Epílogo

No es bueno ni aconsejable mirar atrás, sin embargo hay un montón de cosas de las que deberías deshacerte si quieres vivir feliz, sentirte en paz.

¿Puedes pensar en ello? Seguro que has pasado por situaciones que te han jodido la vida.

Aixxx.... Cierto, cuesta darse cuenta que la mayoría de ellas las has soportado por amor, amistad, trabajo, por decirte a ti mismo que "*no pasa nada*", que todo acabará bien.

¿Y te ha servido de algo?

Si identificas esas situaciones te darás cuenta que la mayoría de veces no has actuado para evitarlas. Y cuando te des cuenta de ello te sentirás culpable, inseguro. Sabrás que has puesto tu vida a merced de los intereses de los demás engañándote a ti mismo creyéndote altruista. Pues no es verdad. Excusas, excusas....

Aprende de una vez por todas que el único responsable de tu vida eres tú. Tú y solo tú.

Cierto que hay momentos que nos pillan con la guardia baja, que nos embelesan con palabras que queremos oír, que queremos creer, ¡que creemos! porque no decirlo. Pero llega un momento en que algo chirria. Nuestro mono parlanchín - tan embustero él a veces - nos dice que abramos los ojos y que de ahí saldremos mal parados si no hacemos algo, algo que no queremos hacer....

Encontrarte cara a cara con la realidad puede resultar aterrador, pero dejar que todo siga igual va a ser mucho más aterrador con el tiempo.

Y en tu vida pueden aparecer **MONSTRUOS**.

Algunos lo son por naturaleza, otros lo son porque les han llevado a serlo. Sin embargo no tiene importancia el porqué lo son, sino el porqué no hacen nada para dejar de serlo.

Tanto si eres de los que sufres MONSTRUOS como si eres uno de ellos, todo podría cambiar si te hicieras realmente responsable de ti mismo. ¿y porque no lo hacemos?

EL MIEDO

Sin lugar a dudas ésta es la razón.

Hay tantos tipos de miedos como personas que los sufren, pero tienen una cosa en común, el miedo nos paraliza.

Miedo a tu jefe, a tus seres queridos, a la escasez, al dolor, a la enfermedad, a…. el peor de todos: miedo a no ser tú mismo, o quizá a ser tú mismo. ¿En serio vas a pasarte la vida fingiendo ser otra persona y adaptándote a los demás? ¿De verdad quieres acabar esclavizado?

Pero hay buenas noticias. Puedes empezar a cambiar tu rumbo con algunas sencillas técnicas, para empezar. Porque, todo en la vida empieza por un primer paso.

Tómate aunque sea solamente diez minutos al día para reflexionar. Diez minutos al día en silencio contigo mismo, solamente eso.

No pienses en qué pensar, solo apaga el ruido exterior, cierra los ojos y escúchate. Si te duele lo que oyes siempre puedes abrir los ojos y decirte "*basta*" aunque sería mejor decirte: "vale, tienes razón, pero dímelo sin hacerme daño".

Y si te das cuenta que tu cabeza está en caos aprende que puedes cambiar tu manera de pensar, puedes soltar lastre, puedes perdonarte.

Debo agradecer aquí al consejo que me dio un buen amigo en un momento de desesperación, me dijo:

SUELTA Y CONFIA

Todo lo que yo puedo describirte en consejos buenos o menos buenos se resumen en estas tres palabras.

En realidad todo está en tu cabeza y puedes escoger como sentirte al respecto. Enfréntate a tí mismo y toma el control. Aunque tengas miedo debes hacerlo si quieres llegar donde todos queremos sin duda llegar, gozar de una vida tranquila y feliz.

Tienes la suerte de ser el dueño de tus pensamientos, elige bien. Dar un primer paso no te dará la "gran solución" pero encontrarás las soluciones por el camino.

No malgastes más tiempo quedándote en tu zona confortable, las oportunidades no están allí, manda el miedo a paseo y confía en ti mismo, verás como todo va mejor.

¡Sal a ganar!

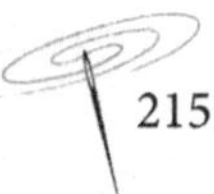

La trilogía DESCUBRIENDO ANDRÓMEDA

1º - 12 HEROÍNAS

Relatos basados en hechos reales cuyos protagonistas consiguen salir de las penurias diarias - algunas terribles - y que no se rinden a la evidencia.

Pequeñas y espinosas historias que cuentan sus protagonistas a Alba, la propietaria de un pequeño taller de costura donde su profesora les escucha.

Buscan su luz interior para que les ilumine y así resurgir de una vida a la que se habían acostumbrado.

Van en busca de su Andrómeda para lograr brillar.

2º - 12 HEROES

Denomino "Monstruo" todos los sentimientos, defectos, actitudes, caracteres, bloqueos, adicciones, trastornos…. En fin, toda lo negativo que nos encontramos a diario.

Nos llegan por muchos caminos como las depresiones, fanatismos, vicios, orgullos, drogas, desamores, miedos…..

Quizá no consigas eliminar por completo a tus monstruos pero sí que puedes gestionar las sensaciones que te generan.

Puedes buscar la luz en tu interior y dejarles ciegos con ella, puedes resurgir a una nueva vida más feliz, puedes….

Adormecer a tu monstruo. Para siempre.

3º - 12 VIDAS HEROICAS

Si ya has leído los dos libros anteriores ya sabes cuál fue el desenlace de la historia, ahora quisiera mostrarte desenlaces alternativos que podrían haber cambiado el rumbo de las cosas.

- ¿Qué pasaría si hubieran hecho cosas diferentes?

¿Qué crees que habría pasado?

Exacto. Todo habría sido muy distinto.

LA LUZ TE HACE FUERTE.

Me encontrarás en...

 Àngels Bardina

 @angels_bardina